# 高齢社会へのステップ
## ―健康福祉・労働の視点から―

[編著者]
田中　正敏　福島県立医科大学医学部衛生学　教授

[執筆者]
赤松　　隆　杏林大学医学部衛生学公衆衛生学　客員教授
荒井由美子　国立長寿医療研究センター看護介護心理研究室　室長
井上　範江　佐賀医科大学医学部看護学科　教授
大友　昭彦　山王地域リハビリテーションセンター　所長
新開　省二　東京都老人総合研究所地域保健部門　部門長
高島　　豊　杏林大学医学部衛生学公衆衛生学　教授
武田　明夫　国立静岡病院　院長
原　　寿夫　原内科医院　院長
本橋　　豊　秋田大学医学部公衆衛生学　教授
山口いづみ　東京産業保健推進センター　相談員

株式会社 杏林書院

# はしがき

　健康の本質は時代や国，地域の実状によって異なる．病気の原因も分からず，例えば病原菌が判別されず感染症が発生しやすい状態にあっては，病気の危険性が日常生活においても存在する．大昔には，健康とは病気でなく，狩猟や農耕に勤しみ，日々の生活，生命を支えることの出来る身体的な面が第一義的であった．文明の進展に伴いローマ時代になっては健康に心の面が加わり心身の健康となった．20世紀の半ば1946年には，世界保健機構（WHO）で心身の健康に social well-being が加えられ，社会面を含めた包括的な健康状態を意味するようになった．今後は身体的，精神的な因子に加え，社会的な因子の比重がより大きくなるものと考えられる．

　20世紀には科学の進歩，発展により人口が飛躍的に増加し人口爆発といわれた．また医学が進歩し，医療，保健の充実により日本では平均寿命が延び高齢社会が到来した．革命と戦争の世紀といわれた20世紀，争いにはいろいろの局面がみられる．宗教戦争，経済戦争，そして社会主義や資本主義などイデオロギーの闘争，人々が望む平和・安定といった安寧状態はなかなか得がたい社会環境にある．20世紀初頭の英国の思想家で文学者でもあったヒレア・ベロックは，本来は自由主義と資本主義とは敵対する関係にあるとし，社会の不安定性を克服する方策として，国民の誰も財産を持たず国が財産を所有する社会主義か，少数の人々の特権を維持したまま，大多数の人々には日常の労働に対して最低限の生活を保障する制度か，または多くの人々が財産や生産手段を持つ分配主義かの3つを挙げている．

歴史は時とともに流れてゆくのではなく，その流れには時空を超えた裂け目があるといわれる．これまで経済的に繁栄を続けた日本も土地政策などに端を発し，裂け目がそれと気づかぬ間に拡大した．さらに少子高齢化が世界で最も急進な増加を示し，21世紀を迎えた．人口の高齢化に対してはそれなりの社会体制が必要であり，これまで各国でいろいろの体制づくりがなされている．援助を必要とする人々を対象とする最低限保障型のシステムにとどまらず，国民すべてを包含する福祉システムや個々人の物質的，精神的，道徳的，社会的など全ての面で福祉を積極的に追及する福祉社会の構築である．経済面でも欧米諸国に追いつき追いこした日本は，風土，国情，特性を生かし，地域社会における人々の参加のもとに，これらの施策を進めなければならない．高齢社会のライフラインとしての医療，保健，福祉には経費負担がベースにあり，日本では2025年にこれらの経費が，現在の4～5倍に増加するものと推定されている．北欧や英国などの先進諸国でこれまで進められてきた政策や実践に対し，以前から，果して福祉国家は破産してしまわないのかといった議論がなされている．

　21世紀に入って人々はより健康でありたいと願い，国の行政面からは「健康日本21」として，人々が高齢になっても社会的に活躍し，健康な状態で長生きのできる健康寿命の延伸を目指している．労働現場では中高年者や女性の進出が顕著である．高齢者の特性を考慮した労働環境や条件も必要である．第1次産業においては，機械化や効率化などよりも仕事の場を拡大する方策が望ましい．こうした局面は2, 3次産業においても適応され得る．男女の仕事の上での機会均等化が法的に整備されつつあり，ケア社会においては介護など保健福祉面の労働の場が地域社会において重要となる．21世紀，国では省庁の再編成により，厚生行政と労働行政が一本化され厚生労働省が誕生した．人々の労働による，充実した生活の確立と

人々のより良い健康の構築が期待される．

　2000年の春の生理人類学会では，高齢者問題そして労働問題をトピックとして，シンポジウムを企画した．厚生労働省の成立をも念頭において，これらのシンポジウムをドッキングさせた内容のものを，この度，21世紀への試金石として冊子にまとめた．第1章では健康，健康寿命，ライフスタイルについて，第2章では先進福祉社会であるヨーロッパ諸国の介護・医療制度について，第3章では日本における医療・介護保険制度，その仕組みについて，第4章では介護福祉施設の問題について，第5章では家族介護負担の軽減について，第6章ではケアが重視されるなかにあっての日常の生活能力(ADL)，生き方について，第7章ではケア社会での労働にかかわる問題について，第8章では女性の労働による健康影響について，第9章では高齢者の社会的な体力と居住，地域環境について，第10章では将来展望も含めての地域社会における保健管理について，おのおの各執筆者に分担いただいた．

　最後に，本書の出版，編集にあたり御協力いただいた杏林書院の太田康平氏に深く御礼を申し上げる．

　　2001年1月

編者しるす

# 目　次

はしがき　　　　　　　　　　　　　　　　　　　　　　　　　田中正敏

## 1章　健康寿命を規定するライフスタイル　　　　　　　　　　新開省二
1．健康寿命とは　　　　　　　　　　　　　　　　　　　　　　1
2．生活機能の自立にむけて　　　　　　　　　　　　　　　　　4
3．健康余命を規定する要因　　　　　　　　　　　　　　　　　5
　　1）老化にもメスを　　　　　　　　　　　　　　　　　　　5
　　2）縦断研究による健康余命の関連因子の解明　　　　　　　6
4．健康余命を延長する戦略　　　　　　　　　　　　　　　　　9
5．健康余命とライフスタイル　　　　　　　　　　　　　　　 10
　　1）就労　　　　　　　　　　　　　　　　　　　　　　　 11
　　2）睡眠　　　　　　　　　　　　　　　　　　　　　　　 11
　　3）栄養　　　　　　　　　　　　　　　　　　　　　　　 11
　　4）飲酒・喫煙　　　　　　　　　　　　　　　　　　　　 12
　　5）散歩・体操，スポーツ習慣　　　　　　　　　　　　　 12
　　6）保健行動　　　　　　　　　　　　　　　　　　　　　 13
　　7）知的能動性・社会的役割　　　　　　　　　　　　　　 13
　　8）精神的健康度　　　　　　　　　　　　　　　　　　　 14

## 2章　ヨーロッパにおける高齢者対策　　　　　　　　　　　　本橋　豊
1．ヨーロッパの高齢者対策の類型化　　　　　　　　　　　　 18
2．イギリスにおける高齢者対策と制度変革　　　　　　　　　 20
3．スウェーデンにおける高齢者対策と制度改革　　　　　　　 22
4．フランスにおける高齢者対策と制度変革　　　　　　　　　 24
5．ドイツにおける高齢者対策と制度変革　　　　　　　　　　 27
6．比較制度分析の視点からのヨーロッパ各国の
　　制度変革の分析　　　　　　　　　　　　　　　　　　　　 29
　　1）比較制度分析とは　　　　　　　　　　　　　　　　　 29
　　2）ヨーロッパの高齢者対策の比較制度分析　　　　　　　 30

## 3章 高齢者の医療と介護の仕組み　　原　寿夫

- 1．高齢社会といわれる今日的課題　　35
- 2．高齢者医療の現状と今後の展望　　37
  - 1）高齢者医療の現状　　37
  - 2）診療録等の電子保存（電子カルテ）　　38
  - 3）情報の共有化について　　39
- 3．高齢者介護の現状と今後の展望　　39
  - 1）老人保健法と介護保険制度　　39
  - 2）介護保険における情報システム　　43
- 4．社会保障制度のこれから　　46
  - 1）成年後見制度と地域福祉権利擁護事業　　46
  - 2）医療のリエンジニアリング　　48
  - 3）介護保険制度への期待　　50

## 4章 高齢者の介護福祉施設をめぐる諸問題　　大友昭彦

- 1．施設という生活空間　　53
  - 1）居場所　　53
  - 2）環境と心と体　　54
- 2．受動的生活環境　　56
  - 1）10.65平方米の壁　　56
  - 2）温度・湿度・匂いの管理　　57
  - 3）地域の風　　58
  - 4）介護保険の波　　60
- 3．能動的生活環境　　61
  - 1）役割の消極性　　61
  - 2）閉じ込もり　　63
  - 3）抑制　　64
  - 4）居室コーディネート　　65
  - 5）認知能力　　66
  - 6）運動能力　　67
  - 7）リハビリと介護の同一性　　68
- 4．21世紀の老人ホーム　　69

## 5章 より豊かな高齢社会をめざす，家族介護負担の軽減　　荒井由美子・武田明夫

1. 介護負担の定義とその評価尺度　　72
2. 調査研究と研究結果のフィードバック　　75
   1) プレフィードバック　　75
   2) 初回調査　　75
   3) 第2回目の調査　　77
3. 介護者の介護負担軽減策　　78
   1) 介護家族に対するサポート　　78
   2) 介護を受け持つ家族の教育　　80

## 6章 ケア社会における人々の生き方　　井上範江

1. 社会の変革とケア社会　　85
2. ケアの概念　　88
3. ケア社会構築のための概念　　90
   1) 自己実現と成長　　90
   2) セルフケアと依存的ケア　　93
4. よく生きるということ　　94
5. ケア社会の構築に向けて　　96

## 7章 ケア社会と働く人々の環境　　赤松　隆

1. 労働年齢の延長によって起こる変化　　103
   1) 既存の定年制度が労働者に与える影響　　103
   2) 高齢者の労働意欲と生理学的変化　　103
2. 現代社会において要求される高齢者労働の質と量　　104
3. 身体面　　104
4. 精神面　　105
5. 理想的な高齢者労働の環境設定　　106
6. 高齢者労働に対する介助　　106
   1) 保健医療面　　106
   2) 社会環境面　　107
7. 高齢者労働の作業管理ならびに作業環境管理　　108
   1) 作業管理　　108
   2) 作業環境管理　　108

**7章**

|  |  |
|---|---|
| 8．増加する疾病との対応 | 110 |
| 9．地域社会，産業社会における高齢者労働に対する支援 | 111 |
| 　　1）地域社会からの貢献 | 111 |
| 　　2）産業社会からの貢献 | 111 |
| 10．労働福祉事業団の活動 | 112 |
| 11．高齢者労働の国際的発展 | 112 |
| 12．労働福祉面からみた高齢者労働への対応 | 114 |
| 13．理想的な高齢者労働に対する提言 | 115 |
| 14．個々の中高年労働に伴う機能障害 | 122 |
| 　　1）視力減退・消退/障害 | 122 |
| 　　2）聴力障害 | 123 |
| 　　3）筋運動障害 | 123 |
| 　　4）神経障害 | 123 |

**8章 働らく中高年女性の健康**　　　　山口いづみ

|  |  |
|---|---|
| 1．女性労働者の動態 | 126 |
| 　　1）就業状況 | 126 |
| 　　2）雇用形態 | 128 |
| 　　3）新しい就業形態 | 128 |
| 　　4）女性の深夜業について | 129 |
| 　　5）女性の就業と少子化について | 129 |
| 2．女性労働者の健康状態 | 131 |
| 　　1）全国及び東京都の統計 | 131 |
| 　　2）東京東部地域の統計 | 131 |
| 　　3）女性とストレス | 133 |
| 3．女性労働者とライフサイクル | 134 |
| 　　1）20～35歳の女性の就労による健康問題 | 135 |
| 　　2）35～45歳の女性の就労による健康問題 | 136 |
| 　　3）45～55歳の女性の就労による健康問題 | 137 |
| 　　4）55～65歳の女性の就労による健康問題 | 139 |

## 9章 高齢者の社会的体力と地域環境　　　　田中正敏

1. 加齢にともなう体力の変化　142
   1）運動能力と防衛能力　142
   2）社会的体力の変化　144
   3）核家族化と孤独感　146
2. 高齢者をとりまく環境　148
   1）社会環境と風土　148
   2）寒さと居住環境　150
   3）高齢者の保健福祉施設　152
3. 居住福祉への展開　155
   1）保健福祉，医療制度のながれ　155
   2）地域自治体の活動　156

## 10章 地域における成人・老人保健管理の展望　　　　高島　豊

1. 成人・老人保健における問題点　159
   1）死亡率の推移からみて　159
   2）高齢化の持つ意味　164
2. 地域における健康増進対策　166
   1）栄養・食生活　168
   2）運動・身体活動　169
   3）こころの健康　170
   4）タバコ　170
   5）アルコール　171
3. これからの地域保健活動　171
   1）集団的アプローチから個別的アプローチへ　171
   2）地域保健と産業保健の連携　175

# 1章 健康寿命を規定するライフスタイル

　人々の求める健康目標は，時代とともに推移している．平均寿命が世界で最も長い国となったわが国では，国民の関心はもはや単なる寿命の延長ではなく，健康な寿命―健康寿命―の延伸に移ってきている．本章では，健康寿命とはなにかを整理した上で，この健康寿命に影響する二大要因，すなわち生活習慣病と老化，それぞれの影響の度合いを明らかにし，健康寿命の延伸に向けた戦略を探りたい．さらに，われわれの地域高齢者を対象とした長期縦断追跡研究から得られたデータを中心にして，健康寿命を規定するライフスタイルについてまとめる．

## 1. 健康寿命とは

　寿命とは0歳児の余命をさすので，健康寿命とは，厳密にいうと0歳児の健康余命ということになる．しかし，0歳児の健康余命として健康寿命の問題をとらえると，乳幼児期から高齢期までのすべての健康問題を取り扱うことが必要となり，本章の範囲を越える．一方，わが国においては，健康寿命にもっとも大きな影響力をもつのは高齢期の健康余命であるのも事実である．そこで，本章では，高齢期の健康余命に限定して議論することとする．

　さて，高齢期における健康余命（healthy life expectancy）とはどんな余命をさすのであろうか．もし，健康とは「疾病がない状態である」と定義すると，高齢者の過半数が通院している疾病をもっているわが国では，すでに過半数の高齢者の健康余命はゼロということになり，その定義は意味がない．「健康日本21」[1]で

は，健康余命を「痴呆や寝たきりにならない状態で生活できる期間」という意味で用いている．英語でいえば，dementia-free life expectancy あるいは disability-free life expectancy ということになろう．

一方，活動的余命（active life expectancy）という概念がある．最初にこれを障害との関連で定義したのがアメリカの老年学者の Katz である．彼は，①食事，②移動，③トイレ，④入浴，⑤着替え，⑥整容，といった6項目の身の回り動作が独力でできる状態を active life とし，このうち1項目でも介助を要するようになるか，あるいは長期の入院・入所や死亡に至った場合を inactive life とみなした[2]．高齢者の健康の指標として，自立という概念をはじめて導入したという点で，まさに画期的なことであった．

しかし，自立の程度にはいろいろなレベルがある．フィラデルフィア老年医学センターの Lawton[3] は，人間の活動能力が低次の活動から高次の活動までを含むものであることに着目して，活動能力を概念的に，①生命の維持，②機能的健康度，③知覚―認知，④身体的自立，⑤手段的自立，⑥状況対応，⑦社会的役割の7つに体系化した．人は成長過程で，図1-1において左から右へ，下から上へと活動能力を発達させていく．逆に，高齢期には，疾病あるいは老化の進行に伴い，右から左へ，上から下へと能力を喪失していくとみなされている．歩行，食事，移動，排泄などの基本的な日常生活動作は「身体的自立」レベルに相当する．これは高齢者が他からの援助なしに生活を送る上で最低限必要な能力であり，この能力の低下は要支援状態，または要介護状態への移行を意味している．

一方，より人間的で積極的な意味での生活は，「身体的自立」よりも高次の活動能力によって担われている．すなわち，このような能力は「手段的自立」「状況対応」「社会的役割」に対応している．「手段的自立」は在宅でも一人で生活を維持し得る能力，「状況対応」は余暇活動や創造性などの知的能動性，「社会的役割」は人々との親密なつき合いや社会との交流の能力を表す．このような社会的に自立した生活を送るのに必要な高次の活動能力の全般は，『生活機能』と定義されている．

したがって，Lawton の活動能力モデルに照らして考えると，異なった活動能力

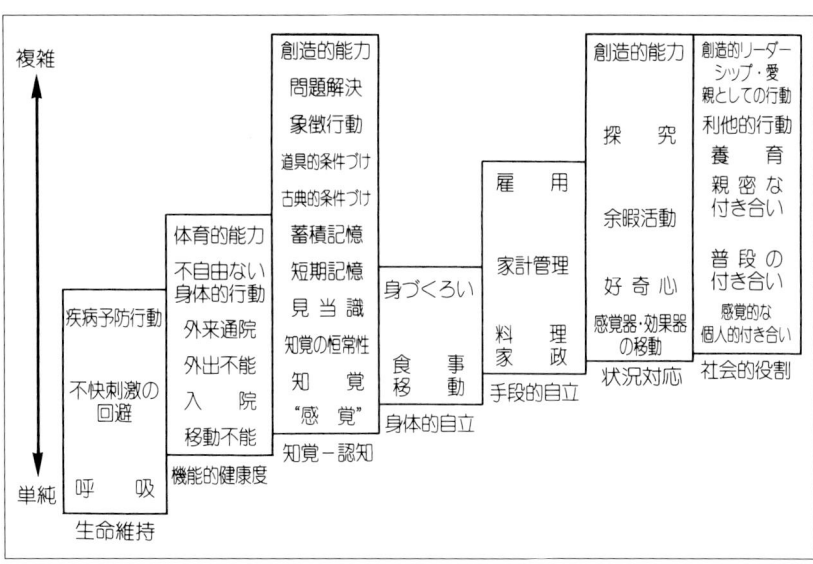

図 1-1 人の活動能力の諸段階（文献 3)より引用）

それぞれに自立あるいは非自立（障害）を定義することができる．活動的余命も多段階の定義があるということになり，これを踏まえて東北大学の Tsuji ら[5]は活動的余命として次の 7 段階の指標を挙げた．

① Life expectancy without self-perception of ill-health（不健康であると認識されない余命）

② Life expectancy without difficulty in performing activities relating labor, house-work and social participation（仕事，家事，社会活動に関わる活動を行なうことに支障がない余命）

③ Life expectancy without difficulty in performing instrumental ADLs（手段的 ADL に障害がない余命）

④ Life expectancy without disability in performing locomotor function（移動能力に障害がない余命）

⑤ Life expectancy without disability in performing personal care（basic

ADLs)（身の回り動作に障害がない余命）
⑥ Life expectancy without mental or cognitive disability (dementia-free life expectancy)（痴呆のない余命）
⑦ Life expectancy without admission for long-term care facilities such as hospitals or nursing homes（長期の入院あるいは入所にいたらない余命）

「健康日本21」[1])の中で用いられている健康余命は，ほぼ上記第5あるいは第6段階の活動的余命の定義に相当すると考えてよいであろう．ただ，健康余命を，在宅でも一人で生活を維持し得る能力のある状態とするならば，身体的に自立しているということや痴呆がないということだけでは不十分であることは明らかである．

## 2．生活機能の自立にむけて

在宅でも一人で生活を維持し得るには，少なくとも「手段的自立」レベルで障害がないことが必要である．さらに，より活動的で生きがいのある生活を送る上では，「状況対応」や「社会的役割」における能力が確保されていなければならない．表1-1で示した老研式活動能力は，こうした高齢者の生活機能を測定する上で，すでに信頼性，妥当性が検証されているわが国で唯一の，世界的に見ても希有な尺度といえるものである[6])．「知的能動性」はLawtonの概念図にはないが，Lawtonの「状況対応」の水準に対応し，所属する質問項目の内容をより適切に表現する語として選ばれた．

最近，地域代表性のある高齢者コホートを追跡して，老研式活動能力指標の3下位尺度の年次推移が観察された[7])．「手段的自立」が障害される数年前から，「知的能動性」や「社会的役割」の障害が先行することが示され，Lawtonの階層的活動能力モデルの妥当性が確認された．

老研式活動能力指標の総得点が高いほど，健康度自己評価が「良好」，生活満足度が「高い」，そして社会的支援（ソーシャルサポート）の受領は「多い」ことがわかっている[8])．また，精神的健康度の指標の一つである老人用うつ尺度得点も

表 1-1 老研式活動能力指標（文献6)より一部改変）

| 手段的自立 | | |
|---|---|---|
| 1. バスや電車を使って一人で外出できますか | 1. はい | 0. いいえ |
| 2. 日用品の買い物ができますか | 1. はい | 0. いいえ |
| 3. 自分で食事の用意ができますか | 1. はい | 0. いいえ |
| 4. 請求書の支払いができますか | 1. はい | 0. いいえ |
| 5. 銀行預金・郵便貯金の出し入れが自分でできますか | 1. はい | 0. いいえ |
| 知的能動性 | | |
| 6. 年金などの書類がかけますか | 1. はい | 0. いいえ |
| 7. 新聞を読んでいますか | 1. はい | 0. いいえ |
| 8. 本や雑誌を読んでいますか | 1. はい | 0. いいえ |
| 9. 健康についての記事や番組に関心がありますか | 1. はい | 0. いいえ |
| 社会的役割 | | |
| 10. 友だちの家を訪ねることがありますか | 1. はい | 0. いいえ |
| 11. 家族や友だちの相談にのることがありますか | 1. はい | 0. いいえ |
| 12. 病人を見舞うことができますか | 1. はい | 0. いいえ |
| 13. 若い人に自分から話しかけることがありますか | 1. はい | 0. いいえ |

「低い」．すなわち生活機能が高いことは，生活の質（QOL）が高いということを意味している．今後，QOLの高い余命が求められる時代にあっては，高齢者の健康余命の概念に，生活機能の自立を入れることが重要となってくるであろう．

## 3．健康余命を規定する要因

### 1）老化にもメスを

　高齢期の健康余命は何によって決定されるのであろうか．これに関する研究の枠組みを図1-2に示した．疾病（生活習慣病など）と老化という内因性の二大要因の影響を受け，高齢者の障害の有無が決まり，これが生活機能を左右するというものである．もちろんこの過程において，ライフスタイルも重要な関与をしているが，主に疾病と老化への影響を介して間接的に生活機能に影響を及ぼすとされている．「健康日本21」においては，生活習慣病をはじめとする疾病を一次予防

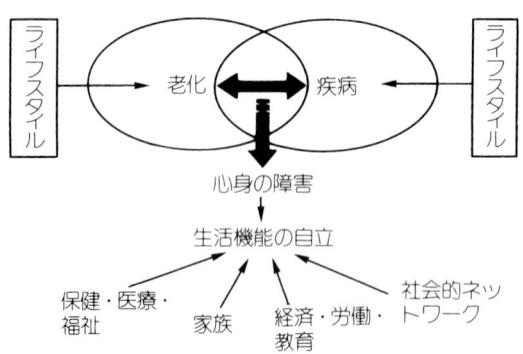

図 1-2 高齢者の生活機能の自立に影響する要因

することで，健康余命を延伸するという戦略が提起されている．しかし，高齢期の健康余命を延伸するには，それだけでは不十分であり，老化にもメスを入れる必要がある．

## 2）縦断研究による健康余命の関連因子の解明

東京都老人総合研究所では，1991 年から東京都小金井市で，1992 年から秋田県南外村で，それぞれ 65 歳以上の在宅高齢者を対象として，老化と健康に関する縦断研究を続けている．標本としての代表性，追跡率の高さ，学際性などの点で，これに匹敵する研究はわが国にはないといってよい．そこで，本研究のデータを用いて，健康余命の指標としての，基本的 ADL および手段的 ADL の障害の発生に及ぼす諸要因の影響を分析した．

分析対象者は，1992 年夏季に秋田県南外村における会場健診をうけた 748 名（男性 300 名，女性 448 名）である．同地域に同年代の高齢者は合計 940 名いたが，在宅寝たきり，入院・入所中，長期不在の高齢者を除くと 852 名となり，対象の 748 名はその 87.8％を占めるもので，地域在宅高齢者の代表性のある標本ということができよう．そのうち，1992 年時点で基本的 ADL が自立していたものは 724 名，手段的 ADL が自立していたものは 602 名であり，それぞれを追跡対象者とした．

追跡は1998年まで行なわれ,その間毎年,基本的ADLと手段的ADLの自立あるいは非自立(障害)の状態が調べられた.なお,基本的ADLについては,歩行,食事,トイレ,入浴,着替えの5項目の自立度で評価し,1項目でも他人の介助を要する場合を基本的ADL障害ありとみなした.手段的ADLは老研式活動能力指標の下位尺度「手段的自立」の5項目(外出,買い物,食事の用意,請求書の支払い,金銭の管理)における自立度で評価し,1項目でも非自立の場合を手段的ADL障害ありとみなした.

6年間の追跡期間中で,新たな基本的ADL障害を認めたのは男性128名(44.3%),女性204名(46.9%)であり,基本的ADL障害に先行する手段的ADL障害を認めたのは男性71名(26.9%),女性126名(37.3%)であった.

初回調査時の各変数と基本的ADL(あるいは手段的ADL)障害との関連分析は,追跡6年間における基本的ADL(あるいは手段的ADL)障害の有無を従属変数におき,ベースライン時の性,年齢,慢性疾患(脳卒中,心臓病,糖尿病,高血圧,関節炎)の既往および各変数を独立変数においたCox比例ハザードモデル[注1)]を用いた.

## (1) 生活習慣病の関連変数の寄与

表1-2に生活習慣病の関連変数ごとに,基本的ADLや手段的ADL障害に対するリスク比を示した.低血清コレステロール値(下位第1四分位)および心疾患と糖尿病の既往があることが基本的ADL障害の,また,心疾患の既往があることが手段的ADL障害の,それぞれリスクを高めることが判明した.しかし,その他の既知のリスクファクターであるBMI[注2)],HDLコレステロール[注3)],尿酸,$HBA_{1c}$[注4)],収縮期血圧の各レベル,あるいは脳卒中や高血圧の既往の有無は,基本的ADLや手段的ADL障害とは関連を認めなかった.

---

注1) Cox, D. R.が開発した多変量解析の一つの手法.予後因子の解明や治療効果の判定を目的とした解析に適す.
注2) Body mass index の略.体重(kg)/身長(m²)であらわされる指数.
注3) 高比重リポタンパクコレステロールの略.
注4) ヘモグロビン$A_{1c}$の略.糖代謝(糖尿病)の指標の一つ.

表 1-2　生活習慣病の関連変数と基本的 ADL，手段的 ADL 障害との関連性
Cox の比例ハザードモデルを用いて，性，年齢を調整してハザード比をもとめた

| 変数 | 比較カテゴリー | 基本的 ADL 障害 | 手段的 ADL 障害 |
|---|---|---|---|
| **生活習慣病の既往** | | | |
| 脳卒中 | あり/なし | ns | ns |
| 心疾患 | あり/なし | 1.58 (1.18-2.11) | 1.63 (1.18-2.25) |
| 糖尿病 | あり/なし | 1.72 (1.14-2.59) | ns |
| 高血圧 | あり/なし | ns | ns |
| 関節炎 | あり/なし | ns | ns |
| **既知のリスクファクター** | | | |
| BMI | 1四分位あがるごと | ns | ns |
| 総コレステロール | 第2, 3四分位/第1四分位 | 0.73 (0.53-1.00) | ns |
| HDL コレステロール | 1四分位あがるごと | ns | ns |
| 尿酸 | 1四分位あがるごと | ns | ns |
| $HbA_{1c}$ | 1四分位あがるごと | ns | ns |
| 収縮期血圧 | 1四分位あがるごと | ns | ns |

### (2) 老化の関連変数の寄与

　一方，表 1-3 に示したように，老化に関連した変数はいずれも基本的 ADL や手段的 ADL 障害と強い関連性を示した．特に，血清アルブミン値が低いこと，聴力・視力に障害があること，咀嚼力が劣ること，握力などの体力指標が低いこと，老研式活動能力指標で表わされる生活機能に障害があることは，基本的 ADL および手段的 ADL 障害に共通したリスクファクターであった．性，年齢，慢性疾患の既往を調整しての結果であることから，これらは，平均的な加齢変化を上回って老化が進行している高齢者では，健康余命が短いということを意味している．

### (3) ライフスタイルおよび心理的変数の寄与

　表 1-4 にライフスタイル変数および心理学的変数と基本的 ADL や手段的 ADL 障害との関連性をまとめた．性，年齢，慢性疾患の既往を調整しても，就労状況 (働いていない)，睡眠時間 (8 時間以上)，飲酒習慣 (やめた)，喫煙習慣 (吸う) は，基本的 ADL や手段的 ADL 障害の発生と有意な関連を認めた．健康度自己評価が「あまり健康でない・健康でない」ことや，老人用うつ尺度得点が高い

**表 1-3 老化の関連変数と基本的 ADL,手段的 ADL 障害との関連性**
Cox の比例ハザードモデルを用いて,性,年齢,慢性疾患の既往の有無を調整してハザード比をもとめた

| 変数 | 比較カテゴリー | 基本的 ADL 障害 | 手段的 ADL 障害 |
|---|---|---|---|
| **医学的検査値** | | | |
| 血清アルブミン | 第 2,3 四分位/第 1 四分位 | 0.70 (0.51-0.98) | 0.61 (0.39-0.97) |
| $\beta_2$ミクログロブリン | 第 4 四分位/第 1 四分位 | 1.71 (1.22-2.40) | ns |
| **体力** | | | |
| 握力 | 1 四分位下がるごと | 1.25 (1.14-1.39) | 1.28 (1.12-1.46) |
| 開眼片足立ち時間 | 1 四分位下がるごと | 1.45 (1.30-1.61) | 1.28 (1.11-1.47) |
| 通常歩行速度 | 1 四分位下がるごと | 1.39 (1.25-1.55) | 1.49 (1.29-1.71) |
| **身体状況** | | | |
| 聴力 | 大きな声でないと聞こえない/ふつう | 1.72 (1.31-2.25) | 1.56 (1.03-2.36) |
| 視力 | 1 m 離れて相手の顔が見える程度/ふつう | 1.77 (1.26-2.48) | 2.06 (1.14-3.74) |
| 咀嚼力 | あまり噛めない/たいてい噛める | 1.53 (1.13-2.07) | 2.11 (1.42-3.13) |
| **生活機能** | | | ns |
| 手段的自立 | 4 点以下/5 点満点 | 2.06 (1.57-2.70) | ― |
| 知的能動性 | 3 点以下/4 点満点 | 1.32 (1.04-1.67) | 1.75 (1.30-2.35) |
| 社会的役割 | 3 点以下/4 点満点 | 1.57 (1.25-1.97) | 1.56 (1.14-2.14) |

(11 点以上)といった,心理学的特性もこれら障害の発生の有意な予知因子であった.

## 4. 健康余命を延長する戦略

　以上を要約すると,地域高齢者の健康余命を左右するものとして,いわゆる生活習慣病やその既知のリスクファクターの役割は相対的に小さく,体力,視力・聴力,咀嚼力,生活機能,さらには精神的健康度がより重要であることが明らかとなった.高齢期における健康余命を延伸する戦略として,「生活習慣病の予防」

表 1-4 ライフスタイルおよび心理学的変数と基本的 ADL,手段的 ADL 障害との関連性
Cox の比例ハザードモデルを用いて,性,年齢,慢性疾患の既往の有無を調整してハザード比をもとめた

| 変数 | 比較カテゴリー | 基本的 ADL 障害 | 手段的 ADL 障害 |
|---|---|---|---|
| **基本的属性** | | | |
| 性 | 女性/男性 | ns | 1.44 (1.07-1.95) |
| 年齢 | 5 歳上がるごと | 1.53 (1.39-1.67) | 1.88 (1.65-2.15) |
| 世帯構成 | 配偶者なし/配偶者あり | ns | ns |
| 就労状況 | 働いていない/働いている | 1.31 (1.04-1.66) | ns |
| **生活習慣** | | | |
| 睡眠時間 | 8 時間以上/8 時間未満 | 1.27 (1.01-1.60) | 1.78 (1.33-2.38) |
| 飲酒 | やめた/のむ,のまない | 1.55 (1.07-2.25) | ns |
| 喫煙 | 吸う/吸わない,やめた | 1.39 (1.00-1.95) | ns |
| 散歩・体操 | していない/している | ns | ns |
| **心理的変数** | | | |
| 健康度自己評価 | あまり,健康でない/非常に,まあ健康 | 1.44 (1.14-1.81) | 2.11 (1.56-2.86) |
| 老人用うつ尺度 | 11 点以上/11 点未満 | 1.40 (1.09-1.79) | 1.73 (1.25-2.40) |

だけでは不十分であり,加齢に伴って低下してくるこうした心身の機能をどう年齢相応に維持していくかといった戦術を加えることが必要である.現時点では,高齢者の歩行能力,咀嚼力,社会活動性の低下に対する有効な予防策を見いだすことが最も重要である.具体的な予防策としては,①一日総歩数を目安とした,適度な身体活動の確保,②歯周病予防を中心とした 8020 運動の推進と適切な歯科治療,③閉じこもりを防止し,積極的に社会と関わること,を提案したい.

## 5.健康余命とライフスタイル

高齢期の健康余命を規定するライフスタイルについて,上述したわれわれの研究成果を中心に,これまでの本邦における報告を加えながら以下にまとめる.なお,ここでいう健康余命とは,基本的 ADL,手段的 ADL あるいは高次生活機能における自立を指標としたものである.

## 1）就　労

　上述の研究地域は農村であるが，やはり高齢になるにしたがって就労率は低下する．しかし，性，年齢，慢性疾患の既往を調整しても，初回調査の時点で就労していた高齢者は就労していなかった高齢者よりも，その後の基本的ADL障害が少なく，健康余命が長いことがわかった．帝京大学の小林ら[9]も農村部の地域高齢者を対象とした横断研究で，IADLの低下には仕事・農作業をしていないことが独立した関連要因であったことを報告している．ただ，都市部在住高齢者を対象として，就労と健康寿命との関連を明らかにした報告は見あたらない．

## 2）睡　眠

　8時間以上の睡眠（昼寝を含む）をとっていた高齢者は，8時間未満の高齢者に比べ，基本的ADL障害を起こすリスクが27％ほど高かった．有名なBreslow（カリフォルニア大学）の7つの健康秘訣には，「7〜8時間の睡眠をとる」が含まれている．6時間以下または9時間以上睡眠をとっている群に比べ，7〜8時間の群の死亡率が有意に低く，この睡眠時間と死亡率との関係は，身体的健康状態に独立して成立していたという[10]．

　8時間以上の睡眠時間をとる高齢者は加齢とともに増えており，睡眠時間が長いということは，おそらく生活リズムに乏しく，生活活動性が低下している状態と考えられ，そうしたライフスタイルが基本的ADL障害のリスクとなっているものと推察される．

## 3）栄　養

　東京都老人総合研究所のShibataら[11]は，秋田県と沖縄の農村に住む高齢者を比較し，沖縄の高齢者の生活機能がより高いことを報告した．その差をもたらす要因の一つとして，栄養摂取状況の違いをあげている．動物性タンパク質，脂肪と緑黄色野菜の摂取量は沖縄の方が高く，一方，秋田では米や塩分の摂取量が多かった．同研究所の熊谷ら[12]は，老研式活動能力指標の下位尺度の一つである「知的能動性」の低下を，「肉類・牛乳・油脂類をよく食べる」という食品摂取パタン

が抑制することを報告した．今回の結果でも，血清アルブミン値が下位第1四分位にあった高齢者の基本的ADL障害のリスクが有意に高かった．これらのことから，高齢期の健康余命には，十分なタンパク質・脂質の摂取が必要であることが示唆される．

### 4）飲酒・喫煙

　今回，初回調査の時点で「飲酒を中止した」と答えた高齢者ほど，後の基本的ADL障害のリスクが高かった．大都市部に居住する在宅高齢者を4年間追跡した東京都老人総合研究所の鈴木ら[13]の研究では，老研式活動能力指標得点の低下が最も大きかったのが「飲酒中止」者であり，ついで「（以前より）非飲酒」者となり，いずれも「飲酒継続」者に比べ有意な低下を示したことが報告されている．高齢期における適量飲酒は，健康余命の延長にとってよい習慣といえそうである．

　一方，喫煙は高齢期の健康寿命にとってもネガティブなライフスタイルであることが確認された．喫煙習慣のある高齢者は，非喫煙あるいは過去喫煙の高齢者に比べ，6年間の基本的ADL障害の発生リスクは39%上昇していた．

### 5）散歩・体操，スポーツ習慣

　都市部と農村部の地域在宅高齢者の運動あるいはスポーツの実施状況の詳細な調査報告[14]によれば，男性では年齢層に若干の差はみられるものの, 20～30%の者が実施していた．女性のスポーツ実施率は年齢層でほぼ一定しており約10%であり，男性の実施率がやや高い傾向がみられた．スポーツの種目には地域差がみられ，都市部の高齢者ではゴルフ，水泳，テニスなど，その種目は多岐にわたる．軽い散歩や体操をも含めると，8割近くの高齢者が「運動をしている」と回答していた．

　しかし，散歩・体操習慣の有無は，今回の農村部高齢者においては基本的ADLや手段的ADL障害と有意な関連性を示さなかった．一方，都市部の高齢者でスポーツ習慣の有無と10年後の基本的ADL障害との関連を分析した研究では，男性においてはスポーツ習慣を有する高齢者は，障害の発生が有意に低かったこと

が報告されている[15]．

散歩・体操とスポーツとでは身体活動の度合いが異なり，また，農村部と都市部の高齢者ではそもそもベースとなる日頃の身体活動レベルが大きく違う．このため，散歩・体操という軽度な身体活動では，農村部高齢者の健康余命の延伸にはつながらなかったのかもしれない．

### 6）保健行動

健診受診行動が基本的ADL障害のリスクを下げることを示唆する研究がある[16]．農村地域の在宅高齢者において，男性では，年一回の健診を受ける群は受けない群に比べ，基本的ADL障害のリスクが50％ほど低かった．健診受診行動は健康状態によっても左右されるので，健康状態別に再検討された結果，「健康・ふつう」と答えた男性，および「故障・持病」と答えた女性においては，健診受診群が非受診あるいは不定期の群に比べリスクは有意に低かったという．

### 7）知的能動性・社会的役割

老研式活動能力指標の下位尺度に「知的能動性」と「社会的役割」がある．今回の研究では，いずれの生活機能も，基本的ADLおよび手段的ADL障害の有意な予知因子であり，これらの下位尺度得点が低かった高齢者では，基本的ADLおよび手段的ADL障害のリスクが高くなっていた．「知的能動性」は余暇活動や創造性などの能力を，「社会的役割」は人々との親密なつき合いや社会との交流の能力をあらわしている．

東京都老人総合研究所の芳賀ら[17]は，都市部在住の70歳高齢者を10年間追跡し，社会活動性が高い群ほど基本的ADLの低下者の出現率が低いことを報告した．用いた社会活動性尺度は，家庭内の役割，手紙・電話の頻度，老人クラブへの参加，教養・趣味・娯楽などの13項目を用いて社会的相互作用の程度を測るものである．

二つの研究において用いた尺度は異なるが，いずれにしても，知的な能動性を持ち，人や社会との接触・交流を多くもつような生活は，健康余命を延長するラ

イフスタイルと言えるであろう.

### 8）精神的健康度

健康度自己評価が「低い」こと，および老人用うつ尺度で,「抑うつ傾向あり」と判定されたことは，基本的 ADL や手段的 ADL 障害の有意な危険因子であった．危険因子としての関連性は，手段的 ADL 障害の方がより高いのが特徴である．健康度自己評価で「あまり健康でない・健康でない」と答えた高齢者は,「まあ健康である・非常に健康である」と答えた高齢者に比べ，2.1 倍も手段的 ADL 障害のリスクが高かった．また，老人用うつ尺度得点が 11 点以上のものは，それ以下のものに比べて 1.7 倍もリスクが高かった．これらのことは，高齢期の健康余命は，主観的かつ精神的側面によっても影響されることを示している．

## 6．まとめ

健康余命を基本的 ADL，手段的 ADL あるいは高次生活機能における自立と定義し，高齢期における健康余命を規定するライフスタイルについて，われわれの研究成果を中心にまとめた．健康余命を延伸するライフスタイルは，表 1-5 に示したように十ヵ条にまとめることができる．この中で特に注目すべきは，高齢期

表 1-5　健康余命を延伸するライフスタイル（十ヵ条）

| | |
|---|---|
| 第一条 | 何らかの仕事をもつ |
| 第二条 | 睡眠時間は 7〜8 時間程度（生活にリズムをつける） |
| 第三条 | 動物性タンパク質を十分摂取する |
| 第四条 | 適量の飲酒をする |
| 第五条 | 喫煙をしない |
| 第六条 | 適度な運動をする |
| 第七条 | 定期的に健診をうける |
| 第八条 | 知的な能動性（趣味・余暇活動）をもつ |
| 第九条 | 親しく交流できる人をもつ |
| 第十条 | 社会との関わりを多くもつ |

における就労や社会活動の重要性である．すなわち，プロダクティビティが高い高齢者ほど健康余命が長いということであった．高齢社会では，就労，相互扶助およびボランティア活動などの分野における高齢者のプロダクティビティに期待が寄せられている．それは，これまで社会的な要請というニュアンスが強かったが，プロダクティブな行動は高齢者本人の健康余命あるいはQOLにとってもポジティブな効果をもつのである．まさに「情けは人の為ならず」であり，ここに高齢社会への明るい展望を見出すことができる．

謝辞：本章の一部は，東京都老人総合研究所特別プロジェクト「中年からの老化予防総合的長期追跡研究」（統括リーダー：鈴木隆雄）のデータをもとに執筆した．本プロジェクトの関係各位に深謝する．

〔新開 省二〕

## 文　献

1) 健康日本21企画検討会・健康日本21計画策定検討会：健康日本21（21世紀における国民健康づくり運動について）．（財）健康・体力づくり事業財団，東京，2000．
2) Katz, et al：Active life expectancy. New Engl J Med, 309：1218-1224, 1983.
3) Lawton MP：Assessing the competence of older people. Research, Planning, and Action for the Elderly：Power and Potential of Social Science, edited by Kent DP et al, 122-143, Behavioral Publications, 1972.
4) 柴田　博，他：ADL研究の最近の動向─地域老人を中心として─．社会老年学，21：70-83，1984．
5) Tsuji I, et al：Definition of disability and its implication on the estimate. The Third WHO-CC Symposium on "Active (Disability-Free) Life Expectancy". 20-26, 1995.
6) 古谷野亘，他：地域老人における活動能力の測定─老研式活動能力指標の開発─．日本公衛誌，34：109-114，1987．
7) 藤原佳典，他：地域高齢者における老研式活動能力指標の三下位尺度の縦断的変化．日本公衛誌，47（特別付録）：689，2000．
8) 芳賀　博：高齢者における生活機能の評価とその活用法．ヘルスアセスメン

トマニュアル―生活習慣病・要介護状態予防のために―，86-112，厚生科学研究所，2000.
9) 小林廉毅，他：農村地域における高齢者の手段的自立（Instrumental Activities of Daily Living）とこれに関連する要因の研究．日本公衛誌，36：243-249，1989.
10) 森本　兼監訳，星　旦二編訳：生活習慣と健康―ライフスタイルの科学．HBJ出版局，1989.
11) Shibata H, et al : Predictors of active life expectancy. The Third WHO-CC Symposium on "Active (Disability-Free) Life Expectancy", 75-79, 1995.
12) 熊谷　修，他：地域高齢者の食品摂取パタンの生活機能「知的能動性」の変化に及ぼす影響．老年社会学，16：146-155，1995.
13) 鈴木隆雄，他：地域在宅高齢者における飲酒状況と4年後における高次生活機能の変化．日老医誌，37：41-48，2000.
14) 渡辺修一郎，他：老年者の運動―実態の報告中心に―．Gerontology, 7：241-250，1995.
15) 柴田　博：［Ⅱ］高齢社会における体育学の役割―高齢者の生活機能維持のための運動．体育の科学，45：698-702，1995.
16) 安田誠史，他：地域在宅高齢者の日常生活動作能力に関連する生活様式．日本公衛誌，36：675-681，1989.
17) 芳賀　博，他：地域老人の日常生活動作能力に関する追跡的研究．民族衛生，54：217-233，1988.

# 2章 ヨーロッパにおける高齢者対策

　高齢者の保健医療福祉をめぐる状況は大きく変化しつつある．日本では2000年4月より公的介護保険制度が始動し，従来の福祉制度の枠内から脱却した高齢者の自己決定と選択による介護サービスの購入が可能な時代になった．これは従来の措置制度に基づく福祉サービスと決別した点できわめて画期的である．より大きな観点から見れば，戦後の社会福祉の基盤制度全体を見直し，いわゆる「社会福祉基礎構造改革」が議論され，高齢者福祉を含む社会福祉事業法などが半世紀ぶりに改正されたことが重要である．この改革では，行政が行政処分によりサービス内容を決定する措置制度から，福祉サービス利用者が事業者と対等な関係に基づきサービスを選択する利用制度へと再構築された．

　日本におけるこのような高齢者をめぐる医療福祉制度の改革は，世界各国の高齢者対策の変化に連動する形で行なわれている．これは，世界各国，とくに欧米先進諸国は高齢化の進展にともない共通する制度疲労に直面しており，高齢者対策費の増大に対していかに財政的に効率的な制度を再構築するかについては，ほぼ共通する課題を抱えているためである．その共通する課題とは，高齢者医療費の増大，医療と福祉の境界の不鮮明化，医療モデルから生活モデルへと移行する高齢者ケア，保健・医療・福祉の連携の強化，増大する高齢の要介護者に対する新たな介護制度の創設，国・県レベルから市レベルへの高齢者福祉サービスの権限委譲，福祉サービスの多元化と民間活力の導入，医療や福祉における擬似的市場の導入，消費者主権に基づく高齢者自身のサービス選択の確立，高齢弱者保護のための成年後見制度の充実などが挙げられるであろう．これらの共通する課題

に対して，いかに制度の改革を図っていくかが，1980年代から90年代にかけての先進諸国の政治課題であった．そして，90年代を通じて各国がさまざまな制度改革を行ない，その方向性がようやく見えてきたように思われる．本章では，主要な欧州各国の高齢者対策を概観するとともに，経済学において注目されてきた比較制度分析の視点，とくに経路依存性と制度的補完性の視点から現状を分析し，とくに医療対策と介護対策を中心に述べる．

## 1．ヨーロッパの高齢者対策の類型化

　ヨーロッパ各国において高齢者の保健医療福祉制度の改革が行なわれるようになった歴史的背景としては，以下のような説明がなされている．第2次世界大戦後，世界的な経済復興と経済成長の影響を受けて，欧州各国は福祉国家体制を整えていった．このような福祉国家体制は1973年の石油ショックを境に下降線をたどることになる．経済的停滞，国家財政の逼迫，高齢化の進展などは欧米先進諸国に共通した歴史的経路であり，これに伴い，福祉国家体制の見直しと国民負担増を生み出した．1980年代はこのような状況を打破するために保守陣営の側からの改革が行なわれたのが特徴的である．

　すなわち，アメリカのレーガン大統領によるレーガノミクスといわれる改革，およびイギリスのサッチャー首相によるサッチャーリズムによる改革である．レーガノミクスは「小さな政府」と供給側重視の経済的自由主義により，経済と国家の再生をはかる経済政策であり，市場への信頼をもとに，支出削減や規制緩和を打ち出した．結果として社会保障支出の削減を迫るものとなった．また，サッチャーリズムはレーガノミクス同様に供給サイドを重視しケインズ政策による政府の役割の肥大を縮小し，財政支出の削減や国営企業の民営化を打ち出した．欧米先進諸国の高齢者対策の流れは，1990年代の両改革により大なり小なり影響を受けていると言ってよかろう．代表的な改革としてはスウェーデンにおけるエーデル改革，イギリスにおけるNHS改革とNHSコミュニティケア法の成立，ドイツにおける介護保険法の成立，フランスにおける要介護特別給付の創設，日本に

おける公的介護保険制度の創設などが挙げられる.

欧米先進諸国の福祉国家はいくつかの類型に分けることが可能である. 高藤は福祉国家の類型として, アングロサクソン・北欧型(ニュージーランド, スウェーデン, イギリスなど), ヨーロッパ大陸型（フランス, ドイツ, 日本など), アメリカ型（アメリカ合衆国）の3つを挙げている[1]. アングロサクソン・北欧型では国家責任を基礎に平等主義により, 公費ないし均一拠出社会保険により均一給付を行なうことから出発した国であり, ヨーロッパ大陸型は労働者を対象に所得比例拠出・給付（能力主義）を出発として社会保障制度を構築した国であり, アメリカ型は自己責任を基調とし弱者に対しては社会保障給付を保障する初期市民社会型の国である. これらの類型をもとに, 1980年代から90年代にかけて各国においてどのような改革が行なわれたかを見ることは理解しやすい方法である. 本章では, アングロサクソン北欧型の代表としてスウェーデンとイギリスを取り上げ, ヨーロッパ大陸型としてフランスとドイツを取り上げる. また, 日本の改革の現状を比較制度分析の視点からこれらの国の制度改革と比較しながら, 制度の経路

表 2-1　ヨーロッパ諸国の医療制度・介護制度の概要

|  | イギリス | スウェーデン | ドイツ | フランス | 日本 |
| --- | --- | --- | --- | --- | --- |
| 人口（万人） | 5,901<br>(1997) | 886<br>(1999) | 8,206<br>(1997) | 5,893<br>(1998) | 12,060<br>(1998) |
| 高齢化率（％） | 15.7<br>(1997) | 17.3<br>(1999) | 15.8<br>(1997) | 20.4<br>(1998) | 15.1<br>(1996) |
| 合計特殊<br>出生率 | 1.72<br>(1997) | 1.5<br>(1998) | 1.3<br>(1996) | 1.75<br>(1998) | 1.39<br>(1997) |
| 医療制度 | 租税方式 | 租税方式 | 社会保険方式 | 社会保険方式 | 社会保険方式 |
| 介護制度 | 租税方式 | 租税方式 | 社会保険方式 | 租税方式 | 社会保険方式 |
| 主な<br>医療制度改革 | NHS<br>コミュニティケア法<br>(1991) | エーデル改革<br>(1992) | 医療保障構造法<br>(1993) | ジュペプラン<br>(1995) | 老人保健法<br>(1983) |
| 主な<br>介護制度改革 | NHS<br>コミュニティケア法<br>(1991) | エーデル改革<br>(1992) | 介護保険法<br>(1995) | 要介護特別給付<br>(1997) | 介護保険法<br>(2000) |

(年度)

依存性と制度的補完性に着目しつつ分析を行なう．表2-1にヨーロッパ諸国の医療制度・介護制度の概要をまとめた．

## 2. イギリスにおける高齢者対策と制度変革

　イギリスの人口は5,901万人，高齢化率は15.7%，合計特殊出生率は1.72である(1997年)[2]．イギリスの保健医療サービスは1948年に成立した国民保健法に基づいて国営の国民保健サービス（NHS）により供給されてきた[3]．NHSでは疾病予防からリハビリテーションに至る包括的医療サービスを租税により提供するシステムである．一方，福祉サービスについては，地方公共団体を中心に対人社会サービスとして医療と同じように租税方式で提供されており，この枠組みについての大きな変更はこれまでにない．高齢者の保健・医療・福祉については，基本的には以上述べた制度の中でサービスが提供されてきた．

　NHSは発足当初こそ理想的な保健医療提供システムと考えられたが，その後さまざまな問題を抱えて何度か改革が試みられてきた．1991年に行なわれたNHS改革は，その中でも抜本的な改革であった．改革の要点は国営の医療サービスに市場メカニズムを導入したことである．競争原理の導入により医療の効率性や患者の医療サービスへの近接性を改善することが目的であった．

　具体的にはNHSの内部に擬似的な内部市場を創設することが大きな改善点であった．病院を独立採算性の病院トラストとし，地区保健局から独立させ，医療サービスの提供者と購入者を分離させた．また，一般医の中で一定要件を満たすものは予算保持一般医として，登録患者のための医療サービスを購入する予算が与えられる仕組みとなった．この結果，地区保健局や予算保持一般医が病院トラストや他の民間医療機関から医療サービスを購入することが可能になった．その後，労働党のブレア政権になり，予算保持一般医制度は廃止され，地域内の一般医が共同で予算管理するプライマリケアグループの制度に移行した．また，1997年末には保健医療と福祉の連携を推進するために，NHS担当部局と地方公共団体の事業運営の共同化を推進することになった．

高齢者・障害者に対するコミュニティケアは，1960年代以降イギリス政府の基本的政策目標であり，1970年代になり各種在宅ケアサービスの拡充が行なわれた．1980年代になると，在宅ケアを重視する国の方針にもかかわらず，在宅ケアより施設ケアの方が量的に拡大するという矛盾を抱えるようになった．これに対して，抜本的な制度改革を求める声が高まり，1991年のNHS・コミュニティケア法につながった．制度改革のポイントは次のとおりである．

①施設ケア・在宅ケアの財源と権限の地方自治体への一元化
②地方自治体の供給主体から条件整備主体への転換およびサービス供給主体の多元化
③ニーズアセスメントとケアマネジメントの全面的実施
④各自治体におけるコミュニティケア計画の策定
⑤入所施設に対する監査制度の改善
⑥苦情処理手続きの導入

　1993年からは，自治体の持つサービス提供機能とサービス購入機能が分離され，自治体福祉部の職員であるケアマネジャーが，対象者に最適のケアプランを作成し，複数のサービス供給主体からサービスを購入する仕組みとなった．

　高齢者の入所サービスとしては，NHS病院，ナーシングホーム，老人ホーム，住宅（シェルタード・ハウジング，グループホーム，シェアード・ハウス等）がある．高齢者に対する在宅福祉サービスとしては，ホームケア，デイケアおよびランチクラブ，配食サービス，移動サービス，相談助言サービス，介護関連機器の貸与，住宅改造に際してのサービス，アラーム・緊急電話サービスなどが挙げられる．これらの福祉サービスは地方税および国庫補助を財源として，地方公共団体により運営されている．利用者負担については，地方公共団体が実施する入所サービスについては，国の費用徴収基準に従い本人に請求することになっている．一方，地方公共団体が提供する在宅サービスについては，費用徴収についての地方公共団体の大きな裁量が認められている．なお，保健医療サービスについては，入院，在宅とも原則無料である点が福祉サービスと異なっている．

　すでに述べたように，NHSにより提供される保健医療サービスと福祉サービ

スの連携が，高齢者の保健医療福祉において今後ますます重要になるものと考えられ，1997年に行なわれたNHS担当部局と地方公共団体の事業運営の共同化を推進するという改革がうまく軌道にのるかどうかが注目される．

## 3．スウェーデンにおける高齢者対策と制度改革

　スウェーデンの人口は886万人，高齢化率は17.3％，合計特殊出生率は1.50である（人口，高齢化率は1999年，合計特殊出生率は1998年)[2]．

　スウェーデンの医療保障は県が直接的な責任を持っており，国は医療政策の枠組みとなる法令等の制定をするなどの調整的役割を担うにとどまっている[4]．医療供給はほとんど公的医療機関により供給されており，その財源は県が賄う．財源としては地方税の他に国の医療保険から県に対する支払いがあるが，その支払額は国と県との交渉によって決定される．スウェーデンの医療保険は国を保険者とし，16歳以上の全国民をカバーする単一の強制保険であり，実施機関は社会保険庁である．医療保険の給付のうち70％は現金給付であり，負傷や傷病により喪った所得の8割を保障する傷病手当と両親手当がある．医療保険を含む社会保険料収入は国の税収のうち35.9％を占めており（1995/96年度），重要な財源となっている．医療保険の保険料の支払いは，雇主負担分が給与の7.9％(1998年)であり，個人負担分（被雇用者分）は4.95％（1997年）となっている．国は医療保険収入を予算として計上し，地方自治体や家計に配分する役割（移転支出）を担っている．このように，スウェーデンの医療保障は，税を主たる財源とする租税方式と言えるが，歴史的に発展してきた社会保険方式も組み入れた制度になっている．スウェーデンの租税・社会保険料負担率は53.5％(1999年)であり，OECD国中の最高となっている．スウェーデンの医療は国家保健サービス方式といわれることもあるが，実際には主として県が医療サービスを提供しているので，国家保健サービスという言い方はやや誤解を招きやすい．高齢者の医療保障は上述の医療保障制度の中で行なわれ，高齢者だけを対象にした医療保障制度というものはない．ただし，医療保険の保険料は高齢の年金受給者は支払う必要がない．

1980年代において，スウェーデンの社会保障制度も先進国に共通の問題を抱えるようになった．すなわち，医療（県が所管）と福祉（コミューンが所管）の連携が十分でないこと，医療の必要性が乏しいにもかかわらず費用の安い病院に入院を続ける社会的入院の問題，公的医療サービス提供方式に付随する病院運営の非効率と待機リストの増大，高齢者医療費の増大などの諸問題である．1990年代に入り，財源問題は深刻化し，県の財政問題としての医療制度改革の必要性が認識されるようになった．その結果，医療制度の構造的改革が速やかになされたが，その改革は大きくわけて5つあった．
　① 医療における疑似市場・内部市場の導入，
　② 家庭医制度改革，
　③ 自由開業医制度（1994年に廃止），
　④ 待機上限保障制度，
　⑤ 高齢者ケア改革（エーデル改革）である．
　①から④は公的医療サービス提供方式に付随する諸問題に対する処方箋であり，イギリスのNHS改革に近いものである．⑤のエーデル改革は医療と福祉の連携を強化するための高齢者の初期医療と福祉のコミューンへの統合が主たるものであり，後述する．
　スウェーデンは先進諸国の中でも高齢化が早くから進んだ国であり，1960年代から高齢者福祉サービスの体系が立てられ，北欧型の福祉国家の代表となった．1970年代から80年代にかけてはノーマライゼーションと統合化の時代であり，福祉施設と住宅の中間施設である高齢者集合住宅のサービスハウジングがつくられ，措置収容型の老人福祉施設からの脱却がはかられた．1982年に制定された社会サービス法では，高齢者や障害者が住み慣れた地域で生活できることが，コミューンの責任となり，在宅福祉のメニューを増加させた．1980年代後半から1990年代にかけて，施設の在宅化や在宅福祉が重視される時代になり，自己決定と選択の自由の重要性も強調された．このようにスウェーデンでは高齢者が住み慣れた自宅で暮らし続けたいという願いに応えるための住宅政策に力を注いできた．1980年代半ばになると，痴呆高齢者に対するグループホームが増えてきたの

も，そのような流れの一環である．グループホームは中等度の痴呆をもつ高齢者が6〜8名で専門的なケア職員とともに家庭的環境で生活し，痴呆の進行を抑えようとする施設である．

　1980年代に顕在化してきた医療・福祉の諸問題（社会的入院の増加，老人医療費の増加，マンパワー不足，医療・福祉の不十分な連携，不十分な痴呆高齢者対策）を解決するために，1992年にエーデル改革と言われる高齢者医療福祉改革が行なわれた．この改革ではそれまで県が所管していた高齢者の長期医療ケアと在宅看護をコミューンに移管し，高齢者の初期医療と福祉を統合することを目的とした．その結果，高齢者医療を担当していた約5万人の県職員がコミューンに移動した．エーデル改革のねらいは，

① 社会的入院患者を減らし入院待機を減らすこと，
② 高齢者のための施設やケア付き住宅に対するコミューンの責任を明確にすること，
③ 高齢者の初期医療と福祉に対する責任をコミューンに一元化し，在宅福祉の一層の充実をはかること，であった．

　エーデル改革の結果，社会的入院の減少，グループホームの増加など成果が現れたが，一方では後期高齢者に対する医療の不足などが懸念されている．

## 4．フランスにおける高齢者対策と制度変革

　フランスの人口は5,893万人，高齢化率は20.4%，合計特殊出生率は1.75である（1998年）[2]．フランスの社会保障制度は社会保険制度と社会扶助制度に基づき運営されている[5]．社会保険制度は疾病保険，老齢保険，家族手当に分かれている．フランスの高齢者医療制度は社会保険制度に基づいているが，日本と異なり，突き抜け型の社会保険制度であり，在職時に加入していた職域ごとの社会保険制度に退職後も所属する形になっている．疾病保険については2000年1月1日より住民皆保険法が実施され，フランスに常住するフランス人および外国人をすべてカバーすることになった．老齢年金は基礎的年金と補足的年金に分けられ，満額年

金であれば両者を加えると従前賃金の5～7割になる．

　社会扶助制度は連帯の理念に基づき，困窮者救済策として発展してきた．最低生活費扶助，連帯老齢年金，連帯失業手当が主たるものである．老齢年金は65歳以上のフランス在住者で年収が一定限度内の者を対象としている．

　フランスの高齢者福祉の施設サービスとしては，次のようなものが整備されている．中期滞在および長期滞在保健施設（日本の介護老人保健施設や介護老人福祉施設に該当），老人アパート（自立した高齢者が対象である），老人ホームなどである．在宅サービスとしては，ホームヘルプサービス，在宅看護サービスがある．

　フランスにおける高齢者対策は他の先進諸国と同様に1970年代から80年第代にかけて，施設ケアの比重の増大とこれに伴う医療費の増大，医療と福祉の連携不足などが問題になってきた．1970年代にはホームヘルパー，在宅看護サービス，デイセンターなどの在宅福祉サービスに関する制度が整備されたが，財政的理由などにより必ずしも十分な発展は見られなかった．

　1970年代は高齢者医療サービスにおいても重要な制度改革が行なわれた．すなわち，1970年には病院法改正により中期滞在保健施設および長期滞在保健施設が創設された．また，1975年には老人ホームに医療部門を併設することが認められた．このように，フランスでは1970年代に医療施設の福祉化および高齢者福祉施設の医療化が行なわれた．1981年に社会党のミッテラン大統領が就任し，その後，地方分権化政策が推進された．その結果，社会扶助の給付や社会福祉サービスの権限は県に委譲されたが，県の権限は社会福祉サービスの実施に限られ，財源は老齢保険金庫などの社会保障機関に依存しているため，県としては必ずしも自立しているとは言い難かった．また医療は疾病保険金庫に依存するために，医療と福祉の連携は必ずしも効率的なものとは言えなかった．さらに，1980年代には高齢者介護問題が深刻化し，新たな改革の必要性が認識されていた．

　このような時代のニーズに応えるための高齢者福祉サービスに関する改革の提案として，1991年にブーラール報告書とショプラン報告書が報告された．両報告とも細部では相違があるものの，要介護高齢者のケアのニーズに十分に答えられ

るようにケアコーディネーションを重視し，その裏付けとなる財源の拡大を伴う新たな制度構築を提案していた．1997年1月に成立した「要介護特別給付法」は，抜本的な制度改革とはいえないものの，ケアコーディネーションを重視した新たな要介護システムを整備した．

要介護特別給付は日本やドイツの介護保険と異なり，あくまでも社会扶助の枠内で高齢者の介護を行なおうという制度である[6]．要介護特別給付は従来障害者の社会扶助給付として支給されていた第三者補償手当を改変して，要介護高齢者の介護サービスに充当する新たな給付制度を発足させたものである．高齢化の進展とともに第三者補償手当の中で比重を増していた要介護高齢者の給付を切り離すことにより，第三者補償手当制度の歪みを是正し，高齢者福祉のより一層の充実を図るというのがその趣旨であった．要介護特別給付の受給対象者は60歳以上の要介護高齢者であり，所得制限が設けてあり，所得上限を越える者には給付されない．財源は県の社会扶助費及び老齢連帯基金である．要介護認定をする主体は，医療・福祉チーム（医師とソーシャルワーカーで構成）で，6段階の要介護認定基準に基づいて要介護度を認定する．ケアプランの作成及びケアマネジメントは医療福祉チームが行なう．介護サービスの提供機関は公・民の福祉施設や長期療養施設などであり，現物給付が原則である．

このように，フランスにおける高齢者介護サービスは要介護特別給付制度の成立により新たな段階に入ったが，要介護特別給付は過渡的な制度として位置づけられており，将来的には財源の拡大と一元化をも視野にいれた「自立給付」をめざしているものとされている．しかしながら，要介護特別給付制度に示された高齢者のケアコーディネーションの進め方などは，基本的には将来も大きな変更はないと考えられ，本制度に基づきより高齢者福祉サービスの充実へ向けての布石が打たれたことは間違いがない．

最後に付け加えなければならないのは，要介護特別給付の対象となるのは低所得者層であり，所得制限の上限を越えた者については，従来どおりの仕組みで介護サービスが行なわれていることである．すなわち，施設サービス，在宅サービスともその財源は社会保険である疾病保険金庫，老齢保険金庫が主たる支払者で

あり，要介護高齢者サービスの6割以上を占めている(1996年のデータ)．フランスの高齢者介護制度の仕組みは要介護特別給付制度ができたとはいえ，依然として多元的であり，この点が日本やドイツと異なっている．今後は多元的な仕組みをより一元化なものに変えて行く努力が必要である．

## 5．ドイツにおける高齢者対策と制度変革

ドイツの人口は8,206万人，高齢化率は15.8%，合計特殊出生率は1.30である(人口・高齢化率は1997年，合計特殊出生率は1996年)[2]．

ドイツは1883年のビスマルクによる疾病保険法の成立以来，社会保険制度を中心に社会保障制度を充実させてきた国である[7]．ドイツの疾病保険はフランス，スウェーデン，日本などの社会保険制度の成立に大きな影響を与えた．現在，ドイツでは医療保険，介護保険，労働災害保険，失業保険，年金保険の5つの社会保険制度がある．社会保障制度としては，その他に，公的扶助として社会扶助，児童手当などがある．

医療保険制度は日本のように皆保険ではないが，公的医療保険で全国民の約90%がカバーされている．医療保険の保険者は疾病金庫(地区や企業単位：99年4月で441金庫)であり，当事者自治原則で運営されている．高齢者医療は特別な制度があるわけでなく，一般の公的医療保険制度の中で年金受給者について一般保険者と区分した取り扱いになっている(年金受給者医療保険)．1956年に年金受給者は退職時に加入していた疾病金庫に継続して加入し，給付費は年金保険者および疾病金庫が負担することが決められた．年金受給者の保健給付は一般保険者と同じである．

1970年代以降，医療費の増大に従い年金保険の財政が悪化し，疾病金庫と年金保険の負担割合の改正，疾病金庫間の負担格差是正のための財政調整などが決められた．その後1982年には年金受給者自身にも保険料負担を課すことが決められた．1989年には医療保障改革法(GRG)が成立し，財政調整の範囲を縮小し，年金受給者の保険料率を一般被保険者の平均保険料率とした．1993年の医療保障構

造法 (GSG) では病院費用の抑制のために,一元的予算制度を導入すること,疾病金庫選択権の拡大,リスク構造調整が導入された.リスク構造調整では疾病金庫間の格差を,被保険者の所得,年齢,性,被扶養者という4つのリスクに基づいて財政調整を行なう方法で,年金受給者医療保険の財政調整もこの中に組み込まれた.

ドイツでは要介護高齢者に対する介護問題の増大に対して,1989年の医療保障改革法で,医療保険給付として在宅介護給付が導入された.一方,施設介護については,自由契約入所が原則であったことから,利用者本人が費用を負担しなければならず,これは実質的には社会扶助費の増大につながり,自治体の財政を圧迫した.また,女性を中心とした家族介護が高齢化の進展と社会の変化により困難になっていたことも制度変革を促す要因であった.既存の制度の枠内で介護給付を行なうか,それとも社会保険として介護を行なうかについては長い議論の末,公的介護保険制度の創設に落ち着くことになった.1994年の介護保険法の成立により,5番目の社会保険として公的介護保険制度が1995年4月より運用されることになった.介護保険の保険者はすべての疾病金庫に設置される介護金庫である.ただし,両者は独立した公法人である.被保険者は基本的には医療保険の被保険者の範囲に準じて決められる.公的医療保険の加入者はすべて公的介護保険に加入する義務がある.公的医療保険への加入義務を免除された者は,民間の介護保険に加入することが義務づけられる.保険料は1996年7月より1.7%となっており,労使折半の負担である.年金受給者も一般被保険者同様,介護保険に加入する義務がある.介護保険の給付は要介護者の申請に基づき介護金庫が行なう.要介護状態の審査については介護金庫は州の疾病金庫連合会に設置されている「メディカルサービス」(MDK) に委託する.要介護度の審査は,医師,介護専門職,その他の MDK 職員により行なわれ,必要に応じて他の外部スタッフを加えることができる.要介護度は3等級(中度,重度,最重度)に分類されており,特別に過酷なケースの場合にはさらに現物給付の上限が上げられている.審査後の給付の決定は介護金庫が行なう.なお,決定に不服がある場合には申請者は介護金庫に申し立てができる.

介護サービスの供給はソーシャルステーションや介護施設が行なうが，介護金庫はこれらのサービス提供機関と契約を結ぶ仕組みになっている．具体的サービスとしては，訪問看護，在宅介護，家事援助，相談等のサービスである．施設サービスとしては老人居住ホーム，老人ホーム，老人介護ホームなどがある．なお，日本と違い，ドイツの介護保険では現金給付と現物給付についてはいずれかを選択できるし，組み合わせの請求も可能である．給付は在宅介護を最優先とし，ついでデイケア・ショートステイなどの部分的な施設介護，最後に入所施設での介護給付を行なうとしている．

介護保険の実施状況については1997年12月のドイツ連邦労働社会省の報告があり，1997年6月末現在で約160万人の要介護者が公的介護保険給付を受けており，要介護者の社会扶助からの脱却が進んでいること，ソーシャルステーションの増加に伴い施設入所者が減少し待機リストが解消されたこと，財政は2000年以降はしばらく赤字基調になることを予想している．このように，ドイツの介護保険制度はおおむね順調に推移していると考えられている．

## 6．比較制度分析の視点からのヨーロッパ各国の制度変革の分析

### 1）比較制度分析とは

比較制度分析とは資本主義経済システムの多様性とダイナミズムを分析する経済学の新しい分野である[8]．比較制度分析は経済システムを次のような視点から分析しようと試みる．すなわち，経済システムの多様性，制度のもつ戦略的補完性，経済システム内部の制度的補完性，経済システムの進化と経路依存性，改革や移行における漸進的アプローチの5つである．分析の過程で人間行動の限定合理性（現実や周囲の状況を不完全にしか把握できないという前提）やシステムの適応的進化を考えるのが特徴的である．

社会保障制度の比較分析を行なう上で，経済システムを社会保障システムと置き換えることで，比較制度分析で用いる用語や思考法を応用することは可能であ

るように思われる．もちろん，市場原理に基づく資本主義経済システムと国家の責任が重視される規制の多い社会保障システムを同列に論じることはもとよりできない．しかし，方法論としての比較制度分析は普遍性を有しており，慎重な配慮を行なった上で，社会保障システムの分析に用いることはできるように思われる．本節では比較制度分析の用語と概念を用いて欧州各国の医療と福祉の制度の比較を記述する．その前に比較制度分析で使われる用語の定義について触れる．以下の用語の解説は，青木・奥野[8]に基づいている．

　制度の戦略的補完性とは「1つの制度が安定的な仕組みとして存在するのは，社会の中である行動パターンが普遍的になればなるほど，その行動パターンを選ぶことが戦略的に有利となり自己拘束的な制約として定着するからである」と説明される．グローバルな観点からすれば(欧米諸国をひとつの社会として見た場合)，イギリスやスウェーデンなどに見られる医療制度に擬似的市場を取り入れ，効率化を図ろうとする流れは戦略的補完性であるといえる．

　制度的補完性とは「多様なシステムが生まれるのは1つのシステム内のさまざまな制度がお互いに補完的であり，システム全体としての強さを生み出しているからである」と説明される．高齢者の医療制度と介護制度の併存は制度的補完の例といえる．

　制度の経路依存性とは「システムには慣性があり制度の置かれた外部環境と蓄積された内部環境の変化とともに徐々に進化・変貌する」と説明される．イギリスのサッチャー首相によるNHS改革では，抜本的な市場原理の導入は行なうことができず，従来のNHSの枠内での擬似的市場の導入になったが，これはNHSの改革においては経路依存性があるために改革の方向性は大きく変えられないと理解される．このことは制度改革において，ビッグバン的アプローチより漸進的アプローチの方が望ましいことを示唆している．

## 2）ヨーロッパの高齢者対策の比較制度分析

　高齢者の医療・福祉システムのグローバルな制度変革の流れは，政治的・政策的には地方分権（国から県・市町村レベルへ），財源の確保はミックス経済化（保

険と税の混在化),制度の管理形態としては医師の専門的ガバナンスからの脱却(看護職,福祉職への権限委譲),資源配分の方法は規制緩和と市場経済の導入(擬似的市場の形成),消費者主権の確立としては利用者の自己決定の尊重と選択メニューの拡大などがあげられよう.また,このような変革の流れの中で守られるべき原則として,社会連帯の理念の強調,医療福祉における完全な市場原理導入の排除,弱者保護対策(成年後見制度の新設),経済的弱者対策(自己負担の上限額設定など)が挙げられるであろう.

　高齢者医療制度においては,世界的には租税に基くNHS型と社会保険財源に基づく社会保険型が相互の欠点を補う形で,制度的に接近しつつあるという認識がある.これは比較制度分析の用語を用いれば,世界全体の医療制度の多様性という観点からは戦略的補完性が認められることを意味するであろう.しかし,各国の制度は歴史的な経路依存性があり,NHS型の医療制度では急激な市場原理の導入は難しく,また市場原理型の医療制度(アメリカ)では平等主義の社会保険制度の確立は難しい.サッチャー首相が当初めざした市場原理色の強いNHS改革プラン,クリントン大統領の医療制度改革の失敗はこのことを示している.アメリカの医療制度改革の失敗との対比で言えば,最近フランスで成立したCMU法案(Couverture maladie universelle,全住民を対象とした疾病保険制度)は移民者を含む全住民(全国民ではない)を医療制度に含めるという平等主義の拡大に基づく画期的制度であるが,これは社会民主主義政権のもとで社会連帯のもとに行なうことができた訳であり,フランスにおける偶然的な政治的状況と皆保険に近い医療保険制度を長く経験してきたという経路依存性のためと説明できるであろう.

　高齢者福祉制度においても,医療制度と同様に変革の流れは同一の方向へと動いているようにみえる.典型例としてスウェーデンの例が上げられる.スウェーデンではエーデル改革により高齢者医療の長期療養部門を県から市へ移管し,社会的入院の減少により高齢者医療の減量化を図った.これは高齢者福祉の分野における地方分権化の世界的な流れの一環と考えられる.高齢者医療における長期療養部門を福祉サービスへ移行させるという政策はヨーロッパ諸国において

1970年代から行なわれている．高齢者介護制度が高齢者医療制度より未成熟だったために，医療と福祉の境界の明確化がなされなかったのであるが，結果として高齢者の医療施設への社会的入院が問題化したのは各国共通のことである．1980年代に各国の高齢者のケアにおいて，在宅ケアより施設ケアが量的に拡大したことが問題となった．このような危機的状況を受けて，1990年代においては，施設ケアから在宅ケアへの重点化が政策課題となった．日本の介護保険制度においても運営の主体を市町村に移しているのもその例である．また，スウェーデンでは社会的入院を減少させ，地域ケアへと移行させることを推進させるための経済的インセンティブを与えた．また，消費者の立場に立ったサービスの提供をめざすとともに，資源の有効配分のためのコスト意識や民間部門の活用（ケア付住宅や福祉サービスをコミューン以外の民間部門からも調達できるようにする）を行なっている．

　ドイツの介護保険はイギリスやスウェーデンと異なり，社会保険方式により介護サービス提供システムを構築するという方向性を選びとったものである．ドイツの介護保険は長期間にわたる租税方式か社会保険方式かの議論を経て成立した制度である．ドイツの介護保険は日本の介護保険と異なり自己責任重視の補完性原理を理念としており，連帯に基づく互助方式でサービス提供を行ない，これで解決不可能な場合には社会的扶助を用意するというものである．日本と異なり介護保険に公的資金を投入しないという原則がある．この点，ドイツの介護保険制度は結果として，医療保険制度の類似型として設計された形になっている．比較制度分析の用語を用いれば，ドイツの介護保険の制度設計には医療保険制度において基本理念とされる補完性原理を採用することで，結果として経路依存性が認められ，また，介護保険制度の成立によって医療制度および介護制度の制度的補完性が補強されたということができよう．医療制度，介護制度とも戦略的補完性を有する形になったとも言える．

　日本の高齢者医療制度と介護制度においても，ドイツと内容は異なるが，歴史的経路依存性，制度的補完性についてはほぼ同様の考察が可能である．日本の介護保険の制度設計において，社会保険方式が既定の方針として出された上で，社

会保険方式か租税方式かという議論が行なわれた．最終的な財源負担で公費負担が2分の1とされたように，ドイツのように公的資金を投入しないという議論は重視されなかった．公的資金の投入に関しては，老人保健法にもとづく高齢者医療がすでに社会保険方式と公的資金投入の混合化された方式でありこのような形が現実的であるということに関しては違和感がなかったことと，政治的な理由として，村山三党連立政権の消費税率引き上げ（5％）に対する国民向けの福祉充実という理由付けの必要性があったためと言われている[9]．ドイツと異なる制度設計が日本の介護保険制度において試された点については，このような歴史的経路依存性が認められる．高齢者医療制度と介護保険制度の両者は制度的補完の関係にあり，新しく制度化された介護保険の存在により高齢者医療制度の安定性は一時的にではあるが増した形になっている．

　フランスの高齢者介護制度では，医療制度について社会保険方式をとっている国にもかかわらず，高齢者介護において公的扶助の枠内で介護を行なおうという制度を守ろうとしている点が特徴的である．ドイツと日本においては，公的サービスとしての介護サービスが後退し，社会保険原理と競争原理の導入による効率的な高齢者介護サービスの提供を目指しているのに対して，フランスでは要介護特別給付法に基づき，県レベルの公的扶助の一環として高齢者介護サービスを提供する．高齢者介護については社会保護（社会保障より広い概念）の枠内で対処するという暗黙の国民的合意があったとする学者の見解があり，フランスにおける高齢者福祉サービスの理念のあり方を示している．

　このように，医療保険において同様の社会保険制度をもつ三国が高齢者介護サービスにおいては，同じ制度設計を採らなかったのは興味深い点である．このような制度の多様性はまさしく，すでに述べてきたような歴史的な経路依存性により説明できるのものと考えられる．

〔本橋　　豊〕

文　献
1) 高藤　昭：世界における主要福祉国家の動態と展望―いずこへゆくか福祉国

家―．(大山博，炭谷茂，武川正吾，平岡公一，編著：福祉国家への視座―揺らぎから再構築へ―) 2-29, ミネルヴァ書房, 2000.
2) 厚生省監修：厚生白書―平成12年度版．新しい高齢者像を求めて―21世紀の高齢社会を迎えるにあたって―，ぎょうせい，2000.
3) 武川正吾，塩野谷祐一編：先進諸国の社会保障1―イギリス―．東京大学出版会，1999.
4) 丸尾直美，塩野谷祐一編：先進諸国の社会保障5―スウェーデン―．東京大学出版会，1999.
5) 藤井良治，塩野谷祐一編：先進諸国の社会保障6―フランス―．東京大学出版会，1999.
6) 西　三郎編：人間福祉の発展をめざして―長寿社会研究学術叢書―．剄草書房，1999.
7) 古屋　徹，塩野谷祐一編：先進諸国の社会保障4―ドイツ―．東京大学出版会，1999.
8) 青木昌彦，奥野正寛編著：経済システムの比較制度分析．東京大学出版会，1996.
9) (財)医療経済研究機構監修(西村周三編集代表)：1998年版医療白書．介護保険導入―どうなる日本の医療・福祉サービス―，日本医療企画，1997.

# 3章
# 高齢者の医療と介護の仕組み

## 1. 高齢社会といわれる今日的課題

　高齢化と少子化により，日本の高齢社会は急速に進んでいる．さらに高学歴化に加え，フリーター志向等の今日的世相は，生産人口の比率を加速度的に減少させ，経済的にも，社会科学的にも，多方面から社会システムの再構築が求められることとなってきている[1]．このことは同時に，日本人一人一人にとっても同様であり，人生80年時代といわれる人生設計も，これまでとは異なったものが自ずと求められてくるはずである．こうした背景のもと，介護保険制度がスタートした．

　これまでの医療保険制度は，いつもの日常的生活を継続できなくなった病的状態に，緊急避難的に関わった医療関係者が，その必要な状態に対してのみ情報の管理を行なうことが基本であった．しかし，介護保険制度が始まって，この情報の管理の仕方が大きく変わることが求められている．つまり，上述のようなこれまでの各サービス提供機関単位での情報の持ち方から，サービスを受ける療養者単位での情報の持ち方に，関係者の情報のあり方が大きく変わる必要性があるからである．このことによって，必然的に情報の共有化が不可欠となり，図3-1のような施設間を結ぶ小規模のイントラネットが数多く設置されることが必要になってくる．つまり，これまでの施設内の事務的な情報処理に止まらず，療養者を支援する診療支援等も含めた情報システムが求められてきている．

　その結果として，後述するような医療のリエンジニアリング[2]が自ずと進み，電

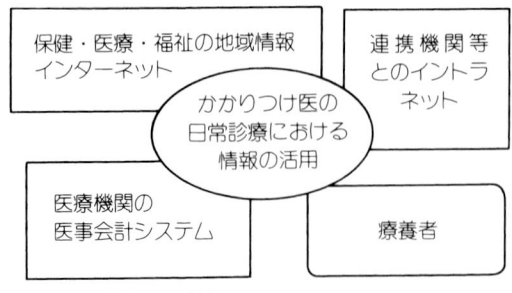

図 3-1 これからの情報システム
(原 寿夫:日常診療とパソコン.日本医師会雑誌特別号,医療の基本 ABC, p 347, 2000)

子カルテやイントラネット,インターネットあるいはエクストラネット等の利用が急速に進んでくるものと思われる.

〈介護保険と医療のリエンジニアリング〉
 ・発生源入力:電子カルテ,その他
 ・院内の情報化:施設内ネットワーク・チーム医療体制
 ・関係機関の情報化:イントラネット・システム医療体制
 ・地域の情報化:E メール,メーリング・リストの活用

こうした視点から,地域性を考えた情報の流通と物の流通の整理を行ない,社会システムの再構築を進めることが大切である.福島県医師会では,1995 年に会内の医療福祉委員会で療養者の生き方を出来るだけ尊重してあげられる社会システムの検討を行なった.施設医療と施設福祉,在宅医療と在宅福祉.療養者が,自ら選択する生活の幅をより広くすることを,地域で,保健医療福祉圏域で,県全体で,それぞれにできることを考えた(図 3-2).平成 12 年度にスタートした,介護保険制度,福祉関連制度の改正,成年後見制度,地域福祉権利擁護事業等は,まさに図 3-2 を実現するために不可欠の制度が具現化したものとも考えられる.これらが,どのような形で現実の社会の中に定着していくかが,高齢社会の今日的課題と言えるのではないだろうか.

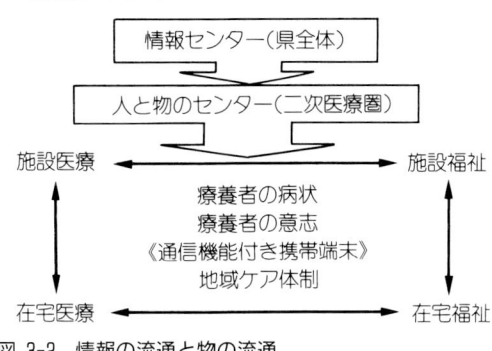

療養者を支援するための情報システムを目指して

```
        情報センター(県全体)
              ↓
       人と物のセンター(二次医療圏)
              ↓
  施設医療 ←――――――――――――→ 施設福祉
    ↕         療養者の病状           ↕
              療養者の意志
            《通信機能付き携帯端末》
              地域ケア体制
  在宅医療 ←――――――――――――→ 在宅福祉
```

図 3-2 情報の流通と物の流通

## 2．高齢者医療の現状と今後の展望

### 1）高齢者医療の現状

1960年代に，医療保険制度が国民皆保険制度へと数年かけて作り上げられてきたが，すでに40年が経っている．この間，保健や福祉に関するさまざまな制度が改正された．そして，1983年に老人保健制度が施行され，今日の老人医療や生活習慣病関連の各種検診事業や健康教育，健康相談等，医療や保健関係の多くの事業の基礎が構築された．そして，施行4年後の1987年の大幅な改正と，その後何度かの細部にわたる手直しを経て今日に至っている．こうした歴史的経過の中で，制度的には税制で対応するのか，保険制度で対応するのか等，さまざまな議論がなされてきた．

しかし，そうした制度論とは別に医療面から見たとき，高齢者は老化という極めて自然な生理的変化から，一人で複数の，時には多くの疾患を患い，しかもその多くは生活の中で長年にわたって治療を必要とすることが多い．よって，日常的な生活から切り離した医療ではなく，日常生活の中での医療の求められることが多く，生活全般にわたっての対応，つまり保健医療福祉の連携による幅広い対応が必要となってくる．

したがって，高齢者医療においては，その多くにおいて保健医療福祉の連携が必要であり，連携可能な社会システムの構築が求められ，それを実現し得る情報システムの構築も合わせて必要となる．

## 2）診療録等の電子保存（電子カルテ）

　診療録等の電子保存が，下記3要件が満たされることを条件に1999年4月に認められた．運用面では多少制約はあるものの，診療録や検査データ，レントゲン等の画像情報も含めて，日常の診療においてデジタル化して保存することが公に認められた．

　〈診療録等の電子保存について〉
　　・真正性
　　・見読性
　　・保存性

　記録されているその内容が，本物であるかどうか（真正性），そして，その内容を見る必要のある人が，見たいときに，見られる（見読性），かつ，その内容は変わることなく記録として残っている（保存性）．これらが満たされれば，電子カルテとして公的に認められるものとなる．その具体的な方法や運用等については，同年10月にマニュアルとして示されている．こうした内容も含めて，日本医師会情報化検討委員会の同年度の報告書にまとめられている．その中で，「医療における情報化の究極の目標は，日常診療において情報システムを利用し，これによって記録された患者データや診療の記録を医療機関の間で利用し合うことである．」と，述べられている．

　このことによって，医事会計システムの導入が医療機関における情報化であるかのような，これまでの偏った方向性は今後確実に修正され，日常の診療そのものにコンピュータを利用でき，医療機関全体での医療事務と診療支援にまたがった医療情報の活用が進むものと思われる．

　ただし，氏名，生年月日，住所等の情報は医事会計システムから，血液等の検査結果は検査センターから，さらに画像データ，あるいは他機関の情報も含めて，

出来るだけ自動的に，オンラインでもオフラインでも，どちらでも良いが，何らかのネットワークによって，必要なデータが入ってくる環境が必要である．この環境のないところで，診療録等の電子化を進めることは，立ち上げは可能であっても，その継続は至難の技であり，日常診療の中での各医療機関における受診者の導線や，伝票の流れも含めて仕事の流れを見直す必要がある．

電子カルテは，情報化の基本である発生源入力を具現化するものであり，このことによって診診連携や病診連携，さらには保健医療福祉の連携をより行ないやすくし，情報の共有化を進める原動力になり得る．また，在宅医療においても，心電図やパルスオキシメーター等の小型化ばかりでなく，デジタルカメラやボイスレコーダー等によって画像や音声を診療情報として利用し得る情報機器が多数開発され使われてきており，在宅医療の現場においても情報化が進んできている．

### 3）情報の共有化について

介護保険制度のサービス提供において，保健医療福祉の連携は不可欠である．しかし，それは総論的な話し合いが行なわれればよいというものではなく，複数の異なる関係機関の日常的な連携が必要なのである．よって，前述のような，電子カルテ等からなる施設内の情報化が各サービス提供機関で整備されていれば，いわゆる"情報の共有化"は容易に可能である．だが，そのことがないと"情報の共有化"のための仕事が新たに生まれる結果となり，日常的には進まなくなることが多い．したがって，図3-3のような，健康福祉情報システムによる情報の蓄積とその共有化による，付加価値のある情報の活用が求められてくる[3]．

## 3．高齢者介護の現状と今後の展望

### 1）老人保健法と介護保険制度

1983年に施行された老人保健法と，2000年に始まった介護保険制度や成年後見制度等によって現在の，そしてここしばらくの間，高齢者介護は進められて行く．各制度に共通することは，療養者個人の意志の尊重と，状況を常に確認しながら，

- 医療保険＝診療支援システム
- 介護保険＝ケアプラン支援システム

○ インターネットによる情報提供
○ イントラネットによる連携
○ カードによる個人情報の蓄積

図 3-3　健康福祉情報システム

　より良い方向性を複数の関係者で考えていくことである．逆に，この点を実行し得る環境整備が不可欠とも言える．

　ところで，介護保険制度は1996年6月に老人保健福祉審議会から答申が出され，同年11月の国会に提出されて国会審議が始まった．そして，翌1997年5月に衆議院で可決され，同年12月に参議院で可決成立した．その後，1997年度と1998年度の要介護度認定に関するモデル事業を経て，1999年10月から正式に介護保険の申請受付が始まり，2000年4月から介護保険制度によるサービスが実際に開始された．このように，審議会の答申からの経過を追ってみると，前述の各制度同様それなりに議論がなされ，モデル事業も行なわれ，完全ではないにしても準備にかなりの時間と労力をかけてきたことがわかる．しかし，この4月1日からの現状はどうであろうか．決して順調とは言い難く，準備が整っていたとは言えない状態にある．なぜであろうか．介護保険制度それ自体が抱える問題点もいくつかあると思われるが，その他に，制度開始前後の度重なる運用上の変更も一因と思われる．加えて，介護保険制度全体から見ると，制度の入り口の一つである要介護度の認定にのみ，あまりにも注意が向けられ過ぎたのではないだろうか．

　よって，もう一度申請から介護サービスが提供されるまでの全体の流れを見直し，要点を見てみると下記のとおりである．

①介護保険の申請

　65歳以上全員と40歳以上の特定疾患

②a．訪問調査（市町村の委託）＝85項目

　〈一次判定（コンピュータによる）〉

　b．訪問調査員の特記事項

　c．主治医意見書（特記事項が特に重要）

③要介護度認定審査会（上記a～cによる）

　〈二次判定〉

　要介護度決定（支給限度額が決まる）

④介護支援専門員による介護計画（案）作成

　一定の様式でアセスメント，課題分析

⑤サービス担当者会議で介護計画を決定

　関係者間の連携が重要．情報の共有化が不可欠．

⑥介護サービスの提供

　介護計画に従って提供する．追加訂正があれば，介護計画を変更する必要がある．保険請求は介護計画の枠内のみ．

⑦介護支援専門員による実績の確認

　介護計画にその実績を追記した上で，介護計画作成料の保険請求にその書類を添付する．

⑧介護保険関連の保険請求に対する審査

　介護支援専門員からの保険請求に添付される介護計画と，介護サービス提供機関からの請求回数等を突合する．

⑨介護保険サービス費用の支払い

　上記突合での介護計画の枠内で支払われる．よって，当初の計画の枠を超えた際は，介護計画の変更がなされないと，保険請求に対する支払いがない．

　このうち，利用者の状態に何の変化もない月の場合は⑥～⑨を繰返し，利用者の状況に変化を生じた月は④に立ち返って，④～⑨を繰返す．よって，日常の介護サービスの実施に当たっては，計画通り実施されているかどうかの確認と，そ

の計画に変更が必要となった場合の関係者との連携，そしてサービス担当者会議（ケアカンファランス）の持ち方が重要である．要介護度は，あくまで公的保険制度から支払われる金額の上限を決めたに過ぎず，サービスの種類も回数も決めてはいないのであって，それを決めるのはケアカンファランスであり，その結果作成されるものが介護計画（ケアプラン）である．

　ところで，上記①〜⑨の作業過程で最も重要な役割を担い，同時に，処理しなければならない書類の枚数も多く，時間的に極めてハードなスケジュールを強要されるのが，介護支援専門員である．福島県の場合，介護支援専門員の資格を持った方は，平成12年4月1日現在2,514人で，その内772人（30.7％）が各市町村に届け出た介護支援事業者においてその業務に携わっているとのことである．この30.7％は，全国の平均とほぼ同じである．

　こうした現状を考えると，当初のモデル事業等を行なっていたときの予想とは異なり，要介護度の認定までの問題点以上に，認定後のケアプラン作成やケアカンファランスの持ち方，そしてサービス提供機関と介護支援事業者の保険請求の仕方といったことの方が実際には重要であり，療養者にとっても大切な事であると言える．このうちケアカンファランス以外は，多くの部分をコンピュータに任せる事が可能であり，介護支援専門員（ケアマネージャー）が療養者とのコミュニケーションの時間をより多くし，本来の業務に多くの時間を割ける環境を作るためにも，コンピュータの活用の方法を，関係者の連携の中で考え直す必要があるものと思われる．

　そうした経過の中で，関係者の関心も，制度運用の質の話に移ってきているようである．痴呆の問題や，視覚障害，聴覚障害等，個々に抱えたさまざまな問題について，特に大きな関心が寄せられている．

　また，介護保険制度のサービスを実際に受けている療養者およびその家族からは，その療養者に合ったケアプランであるとの説明を受けていても，最大の関心事はケアプランの内容もさることながら，支払わなければならない一部負担金にあるようである．県内でもそうであるが，要介護度で決められた利用可能な限度額の4割弱しか利用していないのが実際である．マスコミ等からは何故4割弱か

という議論もいろいろあるが，現場では単純に一部負担金が大きな問題となっていることは無視できない事実である．

たとえば，医療保険の療養型病床群では，パーキンソン病等の特定疾患治療研究対象疾患や，身体障害者手帳を持っている方などの場合，いったん支払った一部負担金が後日戻される制度がいろいろある．しかし，介護保険制度においては，一定額を超えた高額負担部分の戻る制度以外はない．また，老人保健施設や特別養護老人ホームは，全てが介護保険対照施設に移行されたのであるが，その施設サービスを利用する際の一部負担金は，要介護度によって異なっている．要介護1以上であれば施設に入所することは出来るのであるが，その要介護度が高くなるにしたがって一部負担金も高くなるのである．短期入所や通所リハビリテーションも同様である．よって，要介護度の認定審査会において要支援と認定された療養者は，居宅サービスのみで施設サービスを受けることは出来ないが，要介護1以上であれば要介護3でも要介護5でも，居宅サービスも施設サービスも全て受けることができるのである．したがって，施設入所者の場合，同じように入所していても要介護度が高くなると，療養者本人あるいはその家族の支払う一部負担金は高額になるのである．居宅サービスを受けている療養者の場合は，利用したサービスの分だけ一部負担金を支払えばよいので，施設サービスの場合とは異なる．さらに，前述のごとく居宅サービスの平均利用額が限度額の4割弱という現実を考えると，要介護度の問題になる例は実際にどのくらいあるのか疑問である．

## 2）介護保険における情報システム

前述のように，介護保険制度においては，その制度上，利用したいサービス計画を予め作成する必要性がある．いわゆるケアプランである．そのために，一般に認められている各種アセスメント表に従ってアセスメントを行ない，課題分析等を行なって介護支援専門員であるケアマネジャーが関係者の意見を取り入れて最終的なケアプランを作成する作業を行なうことが多い．しかし，介護保険制度におけるケアプランは，療養者本人あるいはその家族等の作成することが本来で

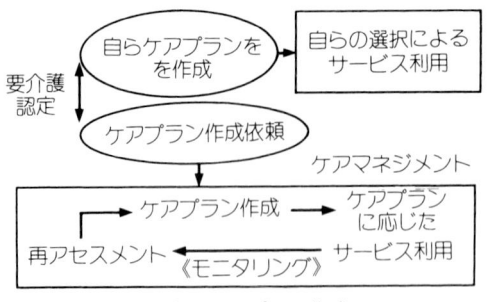

図 3-4 要介護認定とケアプラン作成

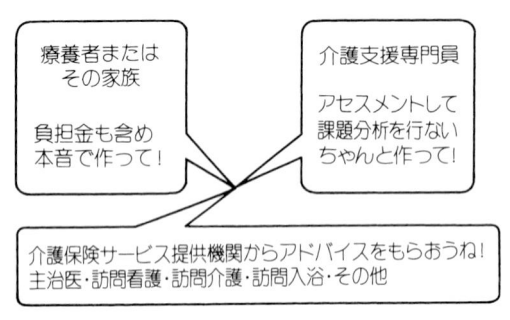

図 3-5 サービス担当者会議（ケアカンファランス）

ある（図3-4）．ただし，介護保険制度によるサービスに詳しい方ばかりでないことから，一般にはケアマネジャーにケアプラン作成を依頼することが結果として多くなっているのである．しかし，はたして，それで良いのであろうか．可能であれば，療養者本人あるいはその家族等が一部負担金等の毎月の支払い額も含めて本音のところでケアプランを組み，それと専門家であるケアマネジャーがアセスメントから課題分析を経た，言うなれば正論のケアプランを作り，この2つの案を関係者の意見交換の中で擦り合わせ，最終的なケアプランを組み（図3-5），次回はその評価を行なう中で，さらにケアプランの見直しを行なっていく（図3-6）．こうした流れが本来あるべき姿ではないだろうか．こうしたことを，最近の情報化は十分可能にしている．たとえば，介護支援専門員に求められている8つの帳票の入力を何時，どこで，誰がするのか．情報化あるいは情報の共有化の原

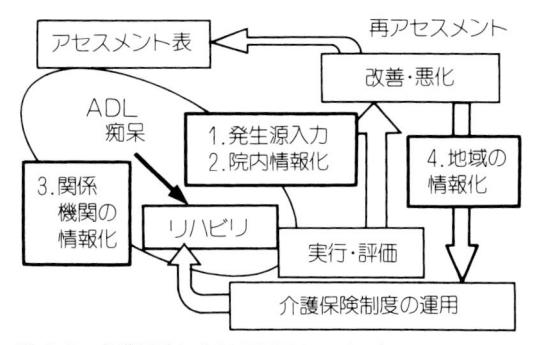

図 3-6 介護保険における再アセスメント

則は，発生源入力にある．つまり，介護保険を利用したい療養者と，その家族の意志を代弁する役割の介護支援専門員が話合う，その場がデジタル情報の起点にならなければならい．そして，関係者間でのケアプランに関する情報の共有化が基本的になされ，その上に立ってサービス提供機関が日常業務においてその実績を日報等にあげると，関係機関と自ずと情報の共有化が行なわれ，結果として介護支援専門員に介護計画の予定に対する実績報告が行なわれてしまっているという環境が必要と言える．以上のような情報システムが，何らかの形で動いていたという社会的基盤があれば，介護保険制度自体にさまざまな問題点があったとしても，情報システムがバッファー効果を示し，ある一定の方向性の中で，それなりに動いていったように思われる．しかし，実際にはその情報システムはこれから構築することとなる．

　介護保険制度を本来の目的に添って立ち上げていくためには，利用者の意志の確認を行ない得る社会システムと，関係する連携機関の情報の共有化ができる情報システムの2つのシステムの構築が必要であると思われる．

　また，介護保険サービスを提供する側の保健医療福祉の連携もさることながら，サービスを受ける側との連携も必要不可欠であり，そのことを，今日の情報化は可能にしてきている．さらに，こうした情報が地域毎に集積され分析が加わることによって，地域にとって必要な介護保険，さらには保健医療福祉のありようがわかってくるようになる．これこそ地方分権を考える際，大変重要なことの1つ

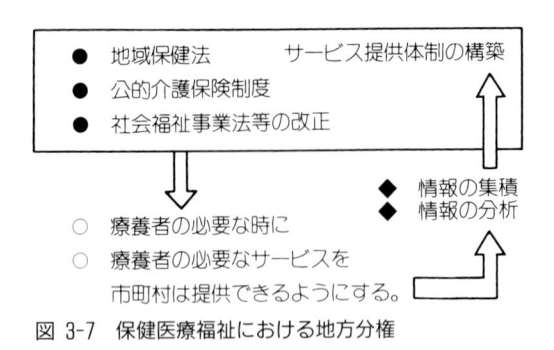

```
┌─────────────────────────────────┐
│ ● 地域保健法    サービス提供体制の構築 │
│ ● 公的介護保険制度              ↑ │
│ ● 社会福祉事業法等の改正          │
└─────────────────────────────────┘
              ↓         ◆ 情報の集積
    ○ 療養者の必要な時に    ◆ 情報の分析
    ○ 療養者の必要なサービスを
      市町村は提供できるようにする。 ↑
```

図 3-7　保健医療福祉における地方分権

ではないだろうか（図3-7）．

## 4．社会保障制度のこれから

### 1）成年後見制度と地域福祉権利擁護事業

　介護保険制度によって，福祉サービスが措置から利用者が選ぶものへと大きく変わった．同時に，その利用者の意志を守る上記の成年後見制度と地域福祉権利擁護事業制度もスタートした（表3-1）．

　成年後見制度とは，これまでの禁治産，準禁治産の制度が民法上なくなり，それぞれ後見，保佐に改正され，補助が新設され（表3-2），さらに，任意後見制度が新設されたことである．ただし，刑法上は現制度が残っている．医師として関与するのは，診断書と鑑定書である．鑑定書も，精神科医以外の医師による鑑定が認められており，年々増える傾向にある．しかし，成年後見制度の診断書で「判断能力判定についての意見」の項で，3番目をチェックすると，それだけで「補助」の判定となり，法的にその意味は大きなものとなる．しかも，この診断書の作成が，この制度を申請する為に必要な最初の手続きであり，医師の責任は大きい．

〈法定後見の類型（診断書の判断能力判定の文から）〉
　　・後見：自己の財産を管理・処分することが出来ない．
　　・保佐：自己の財産を管理・処分するには常に援助が必要．

表 3-1 地域福祉権利擁護事業と成年後見制度対照表（全国社会福祉協議会地域福祉部が作成）

|  | 地域福祉権利擁護事業 | 補助・保佐・成年後見制度（法定後見） |
|---|---|---|
| 所轄庁 | 厚生省 | 法務省 |
| 法的根拠 | 社会福祉法，厚生省社会・援護局長通知等 | 民法等，政省令，家事審判規則等 |
| 対象者<br>（痴呆性高齢者・<br>知的障害者・<br>精神障害者等） | 精神上の理由により日常生活を営むのに支障がある者 | 精神上の障害により事理弁識する能力　が不十分な者＝補助<br>が著しく不十分な者＝保佐<br>を欠く常況に在る者＝後見 |
| 担い手・機関の名称 | 本　人　｜　利用者 | 本　人　｜　被補助人・被保佐人・成年被後見人 |
|  | 援助機関　｜　基幹的社会福祉協議会（法人）<br>法人の履行補助者として専門員，生活支援員 | 保護者<br>複数可　｜　補助人・保佐人・成年後見人<br>（自然人として，親族，弁護士，司法書士，ソーシャルワーカー等，及び法人） |
|  | 指導監督機関　｜　都道府県社会福祉協議会（実施主体）及び運営監視委員会 | 監督人　｜　補助監督人，保佐監督人，成年後見監督人 |
| 費用 | 社会福祉事業として，<br>　契約締結までの費用は公費補助<br>　契約後の援助は利用者負担<br>　　（生活保護利用者は公費助成） | 全て本人の財産から支弁することを明確化．<br>　申立ての手続き費用，登記の手続き費用<br>　後見の事務に関する費用<br>　成年後見人，監督人に対する報酬費用等 |
| 手続のはじまり | 社会福祉協議会に申し込む<br>（本人，関係者・機関，家族等） | 裁判所に申立<br>（本人，配偶者，四親等以内の親族，検察官等．福祉関係の行政機関は整備法で規定．<br>※本人の同意：補助　　＝必要<br>　　　　　　　保佐・後見＝不要 |
| 意思能力の確認・審査や鑑定・診断 | 「契約締結判定ガイドライン」により確認あるいは契約締結審査会で審査 | 医師の鑑定書・診断書を裁判所に提出<br>（最高裁で鑑定書・診断書作成の手引作成） |
| 援助の目的・理念 | 契約により，福祉サービスが適切に利用できるよう，その自己決定を援助 | 自己決定の尊重と保護の調和 |

|  |  | 地域福祉権利擁護事業 | 補助・保佐・成年後見制度（法定後見） |
|---|---|---|---|
| 援助（保護）の特徴 | | 生活に必要不可欠な福祉サービスの利用に関する情報提供，相談と代理 | 法律行為を行う保護，支援制度 代理，取消，同意 |
| 援助（保護）の種類，方法 | 相談 | □情報提出，相談援助による，福祉サービス利用契約の手続き援助 | 規定なし（法律行為ではないため） |
| | 法律行為・財産管理・福祉契約等 | □日常的金銭管理<br>●日常的金銭管理に伴う預金通帳の払い出し等の代理，代行<br>●福祉サービス利用料支払の便宜の供与<br>□書類等の預かり<br>□証書等の保管により，紛失を防ぎ，福祉サービスの円滑な利用を支える<br>□社会福祉事業等の在宅福祉サービスの契約代理<br>※ 施設入所手続きの代理は援助から除外.<br>※ 上記のことを援助の種類とし，情報提供相談，法律行為の一連の援助を権利擁護と地域福祉の視点で援助する. | □財産管理等の法律行為<br>（不動産の処分，遺産分割等の法律行為）<br>●同意権・取消権（補助は家裁が定める「特定の法律行為」，保佐は民法第12条1項各号所定の行為，成年後見は日常生活に関する行為以外の行為）<br>●代理権（補助・保佐は申立ての範囲内で家裁が定める「特定の法律行為」，成年後見は，財産に関するすべての法律行為）<br>※ 身上配慮義務<br>成年後見人等は，その事務を行うに当たっては，本人の意思を尊重し，かつ，本人の心身の状態及び生活の状況に配慮しなければならない旨の一般的規定を新設．また，身上監護に関する個別的規定として成年後見人等による本人の不動産の処分について，家庭裁判所の許可を要する旨の規定を新設． |

・補助：自己の財産を管理・処分するには援助が必要な場合がある．

## 2）医療のリエンジニアリング

　診療録等の電子保存の認められたことが，われわれの日常診療にどのような影響を与え，どのような変化を求めてくるのであろうか．これこそ，医療のリエンジニアリングであり，変化を求めるというより，結果としていつのまにか変化してしまったという，時間的流れの経過をたどるものと思われる．コンピュータは，メインフレームからパーソナルコンピューター（パソコン）へ，そしてインター

表 3-2 補助・保佐・後見の制度の概要（全国社会福祉協議会地域福祉部が作成）

| | | 補助開始の審判 | 保佐開始の審判 | 後見開始の審判 |
|---|---|---|---|---|
| 要件 | ＜対象者＞（判断能力） | 精神上の障害（痴呆・知的障害・精神障害等）により事理を弁識する能力が不十分な者 | 精神上の障害により事理を弁識する能力が著しく不十分な者 | 精神上の障害により事理を弁識する能力を欠く状況に在る者 |
| 開始の手続 | 申立権者 | 本人，配偶者，四親等内の親族，検察官等任意後見受任者，任意後見人，任意後見監督人<br>（注）福祉関係の行政機関については，整備法で規定 | | |
| | 本人の同意 | 必要 | 必要 | 不要 |
| 機関の名称 | 本人 | 被補助人 | 被保佐人 | 成年被後見人 |
| | 保護者 | 補助人 | 保佐人 | 成年後見人 |
| | 監督人 | 補助監督人 | 保佐監督人 | 成年後見監督人 |
| 同意権・取消権 | 付与の対象 | 申立ての範囲内で家庭裁判所が定める「特定の法律行為」 | 民法12条1項各号所定の行為 | 日常生活に関する行為以外の行為 |
| | 付与の手続 | 補助開始の審判<br>＋同意権付与の審判<br>＋本人の同意 | 保佐開始の審判 | 後見開始の審判 |
| | 取消権者 | 本人・補助人 | 本人・保佐人 | 本人・成年後見人 |
| 代理権 | 付与の対象 | 申立ての範囲内で家庭裁判所が定める「特定の法律行為」 | 同左 | 財産に関するすべての法律行為 |
| | 付与の手続 | 補助開始の審判<br>＋代理権付与の審判<br>＋本人の同意 | 保佐開始の審判<br>＋代理権付与の審判<br>＋本人の同意 | 後見開始の審判 |
| | 本人の同意 | 必要 | 必要 | 不要 |
| 責務 | 身上配慮義務 | 本人の心身の状態及び生活の状況に配慮する義務 | 同左 | 同左 |

ネットによる情報交換の世界的規模での大きな変革を経て，まもなく情報のコンテンツ（内容）が，大きなテーマになってくるものと思われる．ここに，情報のコンテンツとしての医療の方向性を規定するものとして，後述するゲーリー・S・

ベッカーの言う人的資本論[5]があるといえる.

　日常診療において，一対一の医療の原点は，今までも，そしてこれからも変わらないが，複数の専門医からなるチーム医療や，保健医療福祉のシステム医療は，大きく変わることが想像される[4]．近い将来，患者さん一人一人が，セキュリティの高いインターネット上に自分のアドレスとホームページを持つか，より完全に近いセキュリティの実現された自分のサーバーを持つか，どちらかを選択し，検査結果等の送付を求めてくるものと思われる．検査センター等から送られてきた情報にコメントを付けて，その対象者のホームページ（現在の感覚で考えるとその人の私書箱のようなもの）に転送するのが，かかりつけ医の仕事の一つになる時代が来るのかもしれない．

### 3）介護保険制度への期待

　老人保健法や国民健康保険法等によって，予防に関する各種保健事業が高齢者を対象に行なわれている．各種がん検診から生活習慣病の予防に関する健康診査事業や健康増進，寝たきり予防，そして寝たきりになってからの在宅での介護や痴呆症状への対応等である．

　ところで，総務庁の労働力調査によると，完全失業者数と就業者数の合計である労働力人口は2000年8月現在，6,791万人と1年前より40万人減った．このうち，完全失業者数は310万人（4.6％）であった．一方，非労働人口は87万人増えて4,032万人であった．この非労働力人口とは，仕事をせず，職探しもしていない人口のことである．このうち，適当な仕事がありそうにないため仕事を探していない潜在的失業者数は，445万人に上るとのことである．よって，数字本来の正確な意味について詳しくはわからないが，あるいは間違った受け止め方かもしれないが，実質的な失業率は10％近い状態にあると言えるのではないだろうか．このことの意味するものは，日本の社会的資産形成の非効率性である．

　つまり，労働人口の減少が高齢者と若年者に顕著であるということは，日本の社会が培ってきた高齢者の豊富な経験という資産を無駄にし，10数年にわたって教育という社会的な投資によって資本形成を行なってきた若年者への資本の蓄積

をも無駄にしているといえる．こうした状況に対し，介護保険制度はその改善への答えになってくれるのであろうか．あるいは，答えではないにしても，答えを示唆する何らかの方向性を示してくれることも期待したい．

## 5．まとめ

　ノーベル賞経済学者であるゲーリー・S・ベッカーの人的資本論が日本に紹介されて20年以上になる．物的資本から人的資本に社会的，経済的考えの基本を"人"の行動，移動に置くことによって，教育や医療への考え方を大きく変えることとなった．だが，ベッカーがこの論文をまとめる際にフィールドの1つとしたのは，日本の教育制度であった．そして，7年前には，マイケル・ハマーの「リエンジニアリング革命」が日本に紹介された．その前までは，あるシステム，ある社会的制度が変わっていくのは，そのルールが実行されていく過程において何らかの問題が発生し，その問題を解決あるいは生じさせないための対応として行なわれていくことが通常であったと思われる．しかし，これからは，新しい何らかの技術あるいは機器あるいは方法論の導入によって，その関係するシステムあるいは制度全体が変革せざるを得ない，あるいは自ずといつのまにか変わってしまっているという結果が導き出されてしまっていたという経過をたどる事柄が多くなるものと思われる．このことが，各システムにおけるリエンジニアリングであり，その代表が，情報化である．

　また，これらのことを経済面から見ると，"物"を移動し加工する物的資本の時代は終焉を告げつつあり，少子高齢社会に情報産業が加味されてきたこれからは，教育として受けた個人への投資を保健医療福祉のサービスを受けることによって，より多くの社会への還元が可能になるような，人的資本の時代が来るものと予想される．よって，人的資本の時代に求められる医療や介護のあり方を考え，実行していくことが必要と言えるのではないだろうか．

〔原　　寿夫〕

## 文　献

1) 重松俊夫, 北川定謙, 廣田良夫, 原寿夫, 他：高齢社会における保健・医療・福祉(第52回日本公衆衛生学会総会シンポジウム記録). 日本公衆衛生協会, 1994.
2) 石川　澄, 信友浩一, 原　寿夫, 他：医療のリエンジニアリングの潮流. 医療情報学, 19 (1)：40-59, 1999.
3) 原　寿夫：福祉と情報システム. ESTRELA, 61 (4)：2-7, 1999.
4) 加賀薫夫, 原　寿夫, 他：在宅医療の手引き (日本医師会, 厚生省健康政策局). 株式会社ミスミ, 1996.
5) ゲーリー・S・ベッカー著, 佐野陽子訳：人的資本. 東洋経済新報社, 1976.

# 4章 高齢者の介護福祉施設をめぐる諸問題

## 1．施設という生活空間

### 1）居場所

「ここは，俺の居場所．」この数ヵ月間，Nさんが，ホームでの生活に馴染めているとは言い難かった．食事・他の入居者の行動・行事など，ぼやくような不満の矛先がさまざまなところに向けられた．そんなNさんがふと漏らした「居場所」という言葉には，非常に重い意味がある．「居場所」それは単に身体のある場所をいっているのではないことは明白である．「安住の地」「生活の基盤」といった意味合いがある．だが，Nさんの場合，施設が「安住の地」となるまで，長い時間を要した．Nさんがそれまで生活をおくっていた地区から施設までは，車で10分程度．決して遠い距離ではないが，施設入居はこれまで住み慣れた地域からの隔絶といえる．生活様式もがらっと変わる．地域も生活そのものも一からの出発なのだ．

　生きている限り，人間は居場所を求める．床と壁と天井で仕切られた，広くもない空間．ソファーにくつろぎながら，窓から見えるいつもの景色を眺める．それが，その人の至福の一時なら，施設の使命は，その一時を過ごせる場所を提供することに他ならない．特別養護老人ホームでの平均居住年数は短い．厚生省による社会福祉施設等調査報告（平成10年）では，特別養護老人ホームでの平均入居期間は3.8年である[1]．高齢者が新しい環境に馴染むのは，若者がアパートに移

り住むような訳にはいかない．高齢者が新たな環境に適合するには，3.8年の猶予は非常に短いのだ．この3.8年の間に，施設が提供できるものは何か．

　本稿では，施設がその人の「居場所」となるために，解決しなければならない課題を提示すると同時に，施設におけるリハビリテーションの意義を論じたい．

## 2）環境と心と体

　Nさんが，施設そして自室を「居場所」と認識しはじめた頃，部屋の続きの庭には一羽のセキレイが来るようになっていた．そのセキレイに，Nさんは何とか餌づけを試みようとした．セキレイを見て心が動いたのである．セキレイの餌となるものを見つくろい，両足でバランス良く立ち，手から餌を撒く．心は体を動かした．

　表4-1に示すとおり，高齢者福祉施設には，特別養護老人ホーム，養護老人ホーム，軽費老人ホームなど種々の形態があるが，その望ましい環境は，新居を持つ時，誰もが望むものを考えれば簡単に列挙できる．閑静で，日当たりの良い場所に建つこと．南向きで，風通しの良い部屋であること．嫌な匂いがしないこと．夏，冬を通じて室内が適温，適湿に保たれていること．これら日照，通気性（換気），脱臭，温湿度，加えて感染予防などの環境衛生，および災害時の安全性といった建物の構造は，現在の施設では当然の条件のように思われる．居室のみならず，庭や廊下など共通の場所が美しく整備されていたり，小綺麗に掃除されていることなど，美観も生活施設ににとっては非常に重要な環境である．また，最近の老人ホームの中には，町の文教地区に位置するものも多くみられ，老人ホームを一種の文化発信源として積極的に捉えようとする見方も存在する．

　これらの環境，すなわち環境衛生，防災構造，美観，立地条件は，これまで施設が，その望ましい環境を追求し続けてきた，施設側の課題である．一方，これらの環境は，施設利用者側からみれば受動的な環境といえる．利用者は，提供されたこれらの環境を見て，入居を決定することになる．その意味から，これらの環境を「受動的生活環境」と呼ぶことができよう．

　一方，人間は環境に働きかけ，快適な生活環境を創り出そうとする存在である．

表 4-1 高齢者福祉施設の形態

| 施設形態 | 入所要件 | 適用制度 |
|---|---|---|
| 特別養護老人ホーム | 要介護認定が必要．すなわち心身に障害があるため，常時介護を必要とし，居宅でこれを受けることが困難な者． | 老人福祉法 介護保険法 |
| 養護老人ホーム | 原則として 65 歳以上の者で，身体上，精神上または環境上の理由および経済的理由により，居宅で生活することが困難な者． | 老人福祉法 |
| 軽費老人ホーム（A 型） | 原則として 60 歳以上の者で，身寄りがないか，または家庭の事情で同居できない者で基本利用料の 2 倍程度以下の収入のある者． | 老人福祉法 |
| 軽費老人ホーム（B 型） | 原則として 60 歳以上の者で，家庭環境，住宅事情等の理由で居宅で生活困難な者．自炊が原則なので，これが可能な健康状態であること． | 老人福祉法 |
| 軽費老人ホーム（ケアハウス） | 独立して生活するには不安が認められる 60 歳以上の者で，基本利用料の 2 倍程度以下の収入のある者．常時介護を要する者を除く． | 老人福祉法 |
| 有料老人ホーム | 利用者とホームの直接契約により利用する． | 老人福祉法上の届け出が必要 |

上記の内，特別養護老人ホーム以外は，特定施設として介護保険の適用が可能．高齢者福祉施設としては，上記の入所施設以外に，老人福祉センター，老人憩いの家，老人休養ホーム，高齢者生活福祉センターなどの利用施設がある．また，老人保健法上の入所施設として，老人保健施設がある．

入居者が，自らの創意によって，提供された生活環境に働きかける．職員の役割は，入居者が生活環境を自由にコーディネートすることを援助することである．この，入居者自らが創り出す生活環境を，受動的生活環境に対して「能動的生活環境」と呼ぶことにしよう．先の，セキレイの餌づけの話しは，まさに，この能

動的生活環境を創り出そうとする心と，体の動きに他ならない．能動的生活環境を創出するためには，この心と体の動きが重要であり，リハビリテーションが大きな役割を担うはずである．そして，高齢者が，施設を「居場所」と確信するためには，受動的生活環境よりも，この能動的生活環境が重要な意味を持つ．

## 2．受動的生活環境

### 1）10.65平方米の壁

10.65 $m^2$．特別養護老人ホーム，入居者一人あたりの居室占有面積である．介護保険下の施設基準で定められたこの数値には，正直なところ，何の妥当性もない．妥当性の基準は，もちろん一人の人間が人間らしい生活を営むのに適する空間かどうかという点である．面積的には6畳一間を想定すればよい．6畳一間に幅80 cmから90 cmの介護用ベッドが大きく幅を利かせる．他に整理ダンス，小物を入れておくキャビネット．さらに車椅子での生活を想定しなければならない．幅60 cmの車椅子が直進するには85 cm程度の通行幅員が必要で，ゆとりをもってターンできるには直径140 cmから200 cmの円形スペースが必要とされる．したがって，車椅子生活では，もはやぎりぎりの居室面積であるといえる．これまでの生活で使用してきた愛着物の多くは持ち込み困難とならざるを得ない．食器や人形などの小物はまだしも，テーブルや椅子，机などの家具の持ち込みを，施設側が許可するのは難しい．高齢者にとって，愛着物が持つ意義は大きいと思われる．若かりし思い出を呼び起こす存在．近親者の喪失感を癒す存在．新しい環境への適合を促す存在などとして，肯定的な意味を持つからだ．それは健康や，施設での積極的な生活づくりに役立つはずである．施設が高齢者にとって「居場所」となるためには，この10.65平米の広さが，健康や，生活にとって十分なものなのかという議論が必要である．図4-1は，某特別養護老人ホームの個室の間取りを示している．

施設における生活空間は，もちろん居室だけではない．共用の食堂，浴室，トイレ，庭なども大事な生活空間である．従来の特別養護老人ホームの構造は，居

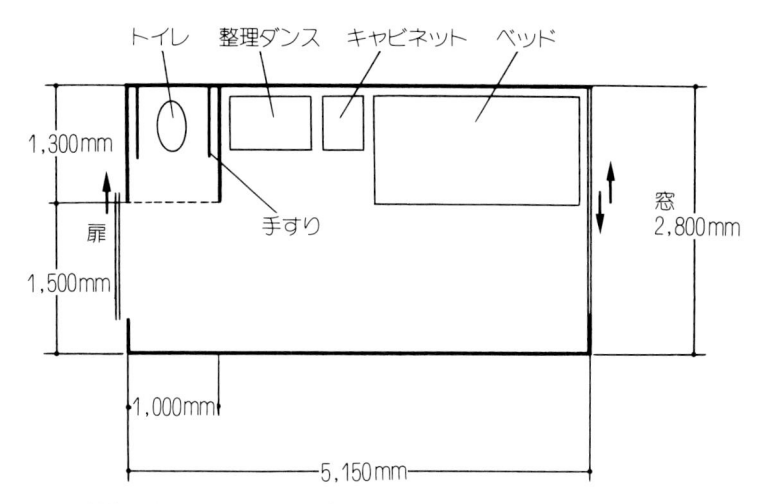

図 4-1　某特別養護老人ホームの居室（個室）

室とこれらの共用スペースが回廊でつながれていた．認知障害のある入居者が，施設を病院とまちがえるのは，この造りが病院の構造と似ているからである．この構造は，居室以外の共用スペースが，自分のスペースであるという認識が持ちづらい構造でもある．これに対して，最近ユニットケアが推奨されている．例えば50人の入居者を10人ずつ5ユニットに分けて，担当職員を中心に家族的に，きめ細かく介護しようとする取り組みである．ユニットは介護の一つの単位であり，一つの空間である．居室が，デイルーム，食堂などの共用スペースを囲むような設計となっており，共用スペースも自分の空間として認知しやすいことが考えられる．ユニットケアが特別養護老人ホームの最も好ましい姿となり得るか，今後の動向を見きわめる必要がある．

## 2）温度・湿度・匂いの管理

　高齢者福祉施設の受動的生活環境の中で，温熱環境は，ほぼ満足のいくものといえる．中央集中管理システムの暖房設備により，冬季，夏季ともほぼ適温に保つことができる．高齢者の冬季の感冒，夏季の食欲不振，体調不良には，温度管

理は欠かすことのできない最低限の環境づくりだ．寒冷地にある施設では，冬季は夜間暖房を実施しなければならない．空調設備を夜間も運転するために，著しい乾燥状態が問題となる．湿度が適度な状態に保てない場合，インフルエンザの発生につながる恐れがある．高齢者施設で毎年のように問題となるインフルエンザによる死亡者の発生には，予防接種，手洗いとうがいの励行，手指消毒，室温管理と同様，湿度管理が必要である．空調設備の中に湿度管理を盛り込むことは高齢者の健康管理にとって非常に重要と思われる．空調設備によって適湿管理ができない場合，加湿器を多用しても広い館内の適湿管理は難しい．入居者の多く集まるスペースをスポット的に加湿する方法をとるしかないと思われる．

　病院や老人ホームなど，施設での臭気は，誰もが一度は経験しているかも知れない．施設というと匂いを連想される方もいるだろう．しかし，生活の場で，臭気があることは好ましいことではない．特別養護老人ホームにおける臭気のほとんどは，おむつ交換の際にでるものである．したがって，その際の換気を徹底することが重要である．最近では，定期的に低濃度のオゾンを噴出させ，消臭するオゾン脱臭装置をあらかじめ建築段階で設備している施設もある．

　また，福祉施設が提供できる生活の快適性の中に，清潔さや美観がある．清潔は環境衛生の重要な要素であり，感染予防の一助になる．美観は，主観的なものであるが，施設の庭園が美しく整備されていたり，建築物自体が優美であることは，入居者の自尊心につながることが考えられる．施設で生活することにネガティブな印象を受けるという社会通念が未だに存在する．それは，居宅での生活の破綻を意味していると捉える人がいることも事実である．入居者にも同様な意識を持つ人がいるとすれば，今の生活環境に誇りを持てるようにすることは施設側の取り組みとして重要であると考える．

## 3）地域の風

　地域福祉と施設福祉．地域でなされる福祉が前者であり，施設でなされる福祉が後者であるといった捉え方は，不十分であろう．施設は，地域の中に現存しており，地域の一員のはずである．入居者もまた施設入居以前は家庭で生活をおくっ

ていた．その意味で，施設内の福祉も地域との連携の基に行なっていくべきである．施設の敷居を取り除き，友人がお茶飲み話に居室を訪問してくれるような施設こそ良い施設に数え上げられるべき施設である．地域の風を，施設内にどう取り入れていくかということは施設側が取り組むべき大きな課題である．

　社会的支援（ソーシャルサポート）が，個人の健康や QOL に肯定的に作用するという研究がなされている[2]．また，地域生活をいとなむ脳卒中後遺症者においては，社会的支援は ADL を向上させる重要な要因である[3]．社会的支援は，公的なサポートと非公的なサポートに分類されるが，施設職員のサポートは公的なものに他ならない．個人をとりまく社会的支援の構造は幾重かの重層構造になっており，最も近親の支援を失うと，その外層の支援を身近な支援として取り込んでいく[4]．両親・兄弟，伴侶，友人，これら最も身近な支援の多くを喪失し，子どもの世代とも分離した高齢者にとって，公的なサポートの比重は非常に大きい．しかし，本来，地域生活の中では公的なサポートは特殊といえる．公的サポートは何がしかの障害を持った場合とか，独立した生活が困難な状況にあって初めて提供されるものであり，自然発生的な非公的サポートとは成り立ちが違う．公的なサポートが一次的な役割をはたしたとしても，可能であれば，本来の非公的なポートを徐々に増やしていくべきであると考える．ましてや，施設という公的サポートが，地域生活で育まれた非公的サポートの介入を拒むことがあってはならない．

　地域の風を施設内に取り入れる取り組みと同時に，施設側が地域にどのように貢献できるかを，施設は模索すべきである．前述した通り，最近の老人ホームの中には，地域の文教地区や，中心部に位置しているものも多く見受けられる．この立地条件が良ければ，高齢者福祉施設が一つの文化発信源となっていく可能性がある．例えば，小学校や幼稚園に隣接し，子ども達の声が聞こえることは，高齢者には活気を与える．同時に，そこで何がしかの交流が持てれば，子ども達には，「老い」の学習の場となるであろう．高齢社会において，子ども達に「老い」を教育することは，一層重要になるものと思われる．高齢者福祉施設は積極的に教育の場として活用されるべきである．老人ホームは人里離れた山の中につくるといった考えはもはや古い．

また，施設は施設側の資源を，どんどん地域開放すべきである．特に，介護技術に関する職員の知識は，家庭介護にとって非常に有意義である．介護教室の開催など，介護に関する指導の場としての施設の役割が期待できる．

## 4) 介護保険の波

　日本にも，ついに介護保険時代が訪れた．西暦 2000 年，年明け，介護老人福祉施設（特別養護老人ホームの介護保険法上の名称）は激震していた．まず，介護報酬の単価が決まらず，収支の予測がつけられなかった．シミュレーションの例はあったが，不確実であった．果たしてやっていけるのか．平成 12 年 3 月までの措置制度の中では，特別養護老人ホームに入居を希望する高齢者は，措置元である市町村に申請を出し，措置元は入所判定委員会を通じて入所の可否を決定し，同時に福祉施設に対して委託措置をこうじた．入居希望者には福祉施設の選択権はないに等しく，福祉施設も措置権者の権限の元に管理されていた（図 4-2）．平成 12 年 4 月から施行された介護保険では，市町村は措置元ではなく，保険者であり，被保険者である利用者と施設は入居契約関係で結ばれることとなった．保険者である市町村は，福祉施設に対し介護報酬を支払う（図 4-3）．介護保険創設のねらいは，「高齢者介護が，老人福祉と老人医療に分立している現行制度（老人福祉法と老人保健法を指す．）を再編成し，社会保険方式を導入することによって，福祉サービスも保健医療サービスも同様の利用手続き，利用負担で，利用者の選択により，総合的に利用できる仕組みを構築する．」ことであるとされる．「措置から契約へ」という介護保険の仕組みは，これまで，自治体の加護の基にあった施設に，さらなる自助努力を要求している．施設も一般企業並みに，経営努力を余儀なくされる一方で，さらに質の高い介護，さらに優れた環境設定を求められている．選ばれる施設となるために，福祉の世界にも競争原理が働きだした．この波が，施設の受動的生活環境に肯定的に働くことを期待したい．

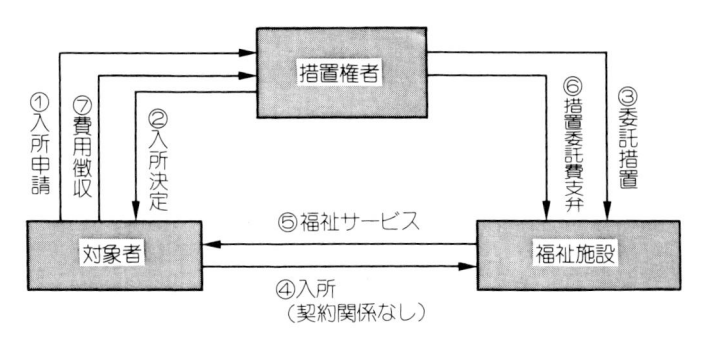

図 4-2 措置制度の概念図

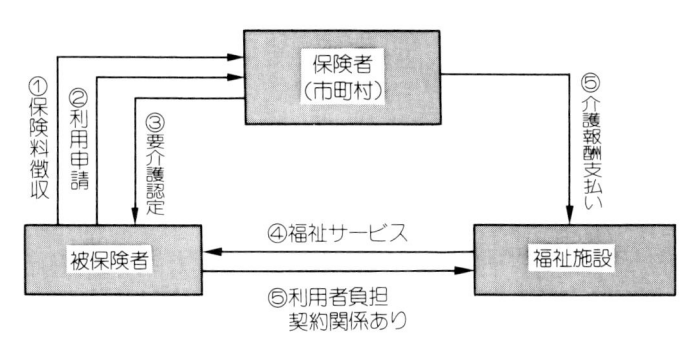

図 4-3 介護保険制度の概念図

## 3．能動的生活環境

### 1）役割の消極性

　人間は環境に働きかけて，快適性を追求してきた．高齢者福祉施設という環境も，入居者の建設的な働きかけによって住みよい環境に近づくものと思われる．だが，気がかりがある．施設内における，入居者の役割が，非常に消極的であるということだ．われわれは，地域社会や家庭内で，積極的に役割をこなす．その

義務を果たすことによって，逆に自己を主張することができるともいえる．住みよい環境を自ら造るということは，ある意味では自己主張するだけの自負心が必要なのだ．特別養護老人ホームに入居を希望する人は，必然的に身体的，あるいは精神的弱者である．自分の役割に対し，消極的意識を持っている場合が多い．なぜか．一つには身体面や精神面の機能的障害そのものが阻害因子となっていること．さらに，隠居という言葉に代表されるように，日本には高齢になると役割が免除されるという社会通念が存在する．お年寄りは，何もしないで楽をして下さいという，敬老の精神だ．これは態の良い社会的リストラともとれるが，高齢者そのものにも，この通念がしみついているのだ．とにかく自分は，家庭や社会で求められてきた積極的役割を免除された者で，何もしないことが私の役割であるという意識だ．施設で高齢者に接していると「この歳では，何もできない．」「できるはずがない．」という言葉を聞くことがよくある．もう一つ，施設において入居者が，積極的役割を持てない理由に，介護する側との関係がある．介護者は介護する．入居者，いわゆる被介護者は介護されるという構図である．厳しい見方をすれば「甘え」である．介護者と被介護者の介護関係の中で，どこまで意欲を引き出し，どこまで自立を促していくかは大きな課題となる．前述した通り，施設職員の介護は公的なサポートに他ならない．一方，社会的支援（ソーシャルサポート）には，受領サポートと，提供サポートという分類がある．受領サポートとは，対象者が受け取るサポートだが，提供サポートとは，同じ対象者がサポート提供者，送り手として他者にして上げるサポートを意味する．入居者が受ける種々の介護は受領サポートとなる．しかし，風邪をひいた職員を気遣ったり，励ましたりする情緒的なサポートや，他の入居者の車椅子を押したり，食事の配下膳を手伝ったり，職員と一緒に草取りをしたりなどの手段的なサポートは，入居者から自主的に提供されるサポートである．この提供サポートは，生活面での満足度に関係している可能性がある．人間はやってもらえる喜びの他に，やってあげられる喜びを感じる．いかなる健康状態であろうと，受領サポートのみならず，提供サポートを通してQOLの向上を考えていくことは大切である．それはとりもなおさず入居者の「積極的役割づくり」につながる取り組みである．

## 2）閉じ込もり

　前述した通り，特別養護老人ホームの一人あたりの居室面積は，10.65平米である．この空間がいわゆる居場所，生活の本拠地である．この狭い空間をどのように使うかは，本来入居者の自由であるはずだ．できる限り自分の色を出せば良いと考える．ある入居者の部屋は，テレビ，掛け時計，人形，ドライフラワーなど所狭しと並べられ，居場所というよりは，「生活の巣」の様相を呈している．巣といっても不潔ではなく，職員の掃除の手は定期的にはいるし，気に入ったものがあれば自ずと片付けようという気にもなる．

　「閉じこもり症候群」という言葉がある[5]．この述語には，地域生活の高齢者で，機能障害や，環境，志向性によって，居宅から外に出る機会・意欲を失った人に，リハビリテーション活動を通じて，外出の機会を与え，真の意味での社会参加を促し，QOL拡大につなげるという理念がある．単に閉じ込もりは悪しきもの，外に連れ出せ，中にはおくなという理念の取り違いは避けなければならない．施設生活でも，部屋に閉じ込もっているよりは，できるだけリビングルームや食堂で活動的に過ごしてもらいたいという考えがある．もちろん，寝食を別にするということは介護の基本の一つで，そうすることが望ましい．ただ，個人的生活の基盤は居室にあるということを忘れてはならない．強制的に居室からリビングルームに連れ出したり，無理矢理レクリエーションに参加させたりすることは，一見，閉じこもりを予防しているかに見受けられるが，本人の自主性を阻害し，逆に行動を規制していることに気づかなければならない．居室に閉じこもっている人がいるとすれば，それには何か理由があるはずである．その理由を確かめ，適切な動機付けをして上げることによって，自主的に室外へ出るようになり，閉じこもりは防止されるものと思われる．人間は，生活の最小単位である家や家庭がきちんとしていることで，外部での活動意欲がわく．くつろげるプライベート空間をつくることが「閉じ込もり」を助長することはなく，それはより活発な活動性に通じるはずである．

## 3）抑　制

　抑制は，医療の中で，看護技術と見なされてきた．抑制という看護技術がなければ，点滴や経管栄養といった医療に支障をきたす現状があったのだろう．いうなれば，抑制は，医療を補助しなければならない看護の暗部である．しかし，最近の看護学の流れは，抑制をしない看護の追求に転じている．施設でも，介護保険施行と同時に，抑制に対する批判が高まりをみせている．その社会的趨勢を真摯に受け止め，抑制を必要悪と見なさず，施設は抑制をしない介護を徹底すべきである．

　施設における抑制は，大きく3つに分類して考えられる．まず一つは，バランス障害，筋力低下，姿勢障害など高齢期の障害者に特有の運動機能障害があるにもかかわらず，認知障害（痴呆など）があるため，多動傾向が見られ，転倒の危険性が非常に高い場合である．人間は，元来動くこと，移動することに欲求を持っている．認知障害があっても，その人が意図する行動目的に合致した行為は何か，観察して察知し，介助の手を加えて，その目的が達成できるように誘導することは重要な解決策である．さらに，安定した移動能力を獲得する取り組みも必要であろう．歩行状態を正しく評価し，自立して歩けるようになるのか，歩くためにはどういった補助具・介助が必要か．もしも，開発できる能力があれば，自立歩行への可能性を追求すべきである．歩けないまでも，安定して立つことはできないか．それに変わる移動手段はないか．例えば，車椅子駆動や四這い移動はできないか．など，積極的に移動能力を身につけさせなければならない．

　2つ目は，点滴や経管栄養などの管の抜去に対する上肢の拘束の問題である．縛られていないまでも，手を厚手の袋で覆われている姿が見受けられる．点滴は，刺入部を目のつかない位置にすることや管のルートを考慮することが必要である．経管栄養も管が目につかないルートにすること，夜間は経管を抜き，朝，再度挿入し直すことにより自己抜去する回数は減る．点滴や経管栄養をしている人をなるべく一人にせず，職員の目の届くところにいていただくことも大切であろう．

　3つ目の抑制は，目に見えない抑制である．薬物によって精神活動・身体活動が

低下することも一種の抑制であると考える．医師との連携を密にとり，介護目的や介護の意図を明確に表明することが重要である．施設では，医師の判断を支える看護職員・介護職員の観察と率直に意見を述べる態度が重要である．

移動能力の低い人は，一定の場所に待機させられることが心理的な負担になる場合がある．自由に移動できないのであるから，これも一種の抑制と考えられる．例えば，食事に際して，食堂前に並ばせられることは，先に述べた回廊式の構造の施設で良く見受けられる．この時間を待ち時間ではなく，活動時間にできないか．テーブルにつくと同時に配膳される業務の流れにできないか．パーテーションを用い，活動できるスペースを設け，良い雰囲気の中で時間を過ごせないかなど，さまざまな取り組みを模索する必要がある．

抑制の原因は，職員の考え方や動き方が業務を中心にしたものになっており，入居者の生活や，意思を中心にしたものになっていないことにある．介護では，結果ではなく日々の生活での取り組み，プロセスが重要である．危険回避のためにやむを得ず行なわれる抑制は仕方がないといった考えがある．だが，それを容認すれば，抑制禁止へのプロセスは阻止されてしまう．抑制を必要悪とせず，絶対悪と見なす姿勢が，施設に求められる．

## 4）居室コーディネート

居室にその人の独自色を出すことは重要なことで，職員の大切な仕事に位置づけられる．その中でも写真は重要な小道具である．施設の中で，職員とともに撮った写真もさることながら，若かりし頃の写真を居室に飾ることは，入居者にとっても職員にとっても大きな意味を持つ．社会の第一線で活躍していた時代の写真や，家族とともに写った写真などは，入居者に当時の記憶を蘇らせ，自負心を鼓舞する．職員にとっては，今自分が介護している人の現在の姿が，単に人生の一断片でしかないことを解らせてくれる．社会を築き，家庭を築いていた時代のその人の姿を認識することで，その人に対する尊厳の念が生まれる．介護スタッフは，残された時間の中で，その人の多くを知る努力をするべきである．それは，現在だけでなく過去も同様である．高齢者にとって過去は大きな比重を持つから

である．

## 5）認知能力

　入居者が，自らの生活を自らの手で形作るにはどのような能力が必要であろうか．まず第1に上げられるのは，認知能力である．どんなに運動機能が良好でも，認知能力に支障をきたせば，能動的に生活環境を創る営みは阻害される．高齢者の場合，認知能力の支障は，痴呆という通称で表現されるが，出現する問題行動はまちまちである．痴呆の問題行動には，その人なりの，なにがしかの目的がある．非常に些細な目的でも，心の中でそれが先鋭化され，例えば，夜中に荷物をまとめて外出しようとするといった，常識的には異常であると思われる行為が出現する．行為の達成が難しいと感じると，心の中の目的意識は一層先鋭化される．行為の達成欲求も増幅されるため，徐々に行為そのものが目的となっていく．痴呆の問題行動に対する介護では，まず，その行為目的を知ろうとする努力，態度が重要で，それにより一定の信頼関係を形成し，その人を安心させる必要がある．その人の表情・態度から，行為の達成欲求の変化を観察し，少しずつ意識を別なところにしむけていく．問題行動の原因となった目的意識は，まだくすぶっており，その場を丸く収めただけかもしれないが，介護場面では，その繰り返しである．しかし，繰り返すことが重要で，長期的には，あれほど問題視されていた行動が，全く見られなくなることもある．よく，徘徊が問題視されるが，徘徊そのものは，程度の差こそあれ，職員の裁量で大きな問題にはならない．人間関係を崩してしまう意味から，能動的生活環境に影響する問題行動として，物とられ妄想がある．他の問題行動同様，これまでの生活歴が大きく影響していると思われるが，その人は，とにかく自分の所有物を取られたと決めつけており，取った人も特定している場合が多い．取られたという物が実在しない場合もある．取られた場面の描写がリアルである場合，取った対象者を特定している場合，取られた対象物が見つからない場合など解決が難しい．取ったと決めつけられた相手もいるために，人間関係がぎくしゃくしてしまう．取られたというその人の気持ちも，取ったと言いがかりをつけられた相手の気持ちも収まらないまま，それぞれの積

極的な活動を阻害してしまう．物とられ妄想による問題行動には，まず，話しをよく聞き，探索行動に付き添うことが重要である．次に，盗んだとする相手が，潔白であることを，意見として話していく．最終的に見つからない場合は，施設や，施設長の責任において収拾させなければならない場合もある．

　認知障害における問題行動は，一般業務の流れから逸脱した余分な業務を職員に強いる．しかし，問題行動も，その人の人となりであるといったおおらかな姿勢・介護で接する必要がある．

## 6）運動能力

　認知能力同様，運動能力も能動的生活環境づくりに重要である．寝ているよりは座れる，座れるよりは立てる，立てるよりは歩ける方が，自分の生活環境を構築しやすいからだ．起きる・立つといった基本動作と歩く・車椅子をこぐといった移動動作は，日常生活活動の「行為の基礎」をなす．そういった基本動作に影響しているのは，体幹機能，下肢筋力，バランス能力である．体幹機能は，床面に垂直位の座位がとれたり，重心の変化に対応して体幹を随意に動かせる機能である．著者らの調査[6]では，脳卒中を発症しながら在宅復帰を果たした脳卒中患者の97％が正常な座位を保持する能力を獲得し，62％において腹筋筋力が正常であった．このことは，体幹機能が日常生活を営むために重要な機能であることを示している．また，歩行可能な養護老人ホーム入居者を対象とした調査では，臥位から安定した立位になるまでの動作遂行時間に影響していたのは，重心動揺面積と，大腿四頭筋筋力であった[7]．これらの機能の改善をはかり，基本動作能力と移動能力をできるだけ良い状態に保つことは，高齢者では治療というよりは，生活指導・ケアと受け止められる．普段の生活の中にこれらの能力を保つような取り組みがなされていることが必要である．

　先に述べた，認知能力と，この運動能力を維持するための運動やアクティビティーが普段の生活にとけ込んでいること，生活化していることが重要である．それはとりもなおさず，施設におけるリハビリテーションの基本的なあり方となる．

## 7）リハビリと介護の同一性

　介護とリハビリテーションの関係を述べたい．リハビリテーションの理念は，その語源の意味するとおり，「re；再び」「habilis；○○にふさわしい」「ation；状態にすること」から解釈される．○○に「人間」という文字を入れると，「再び人間にふさわしい状態にすること」という，理念的な表現が浮かび上がる．ここで問題となるのは，「人間」とは何かということだ．

　表4-2は，ある大学生のグループに「人間とは何か．」という質問に対して，自由記載をしてもらった結果である．これを概観しただけでも「人間」の持つ意味は幅が広い．さまざまな機能・能力の内，いずれかでも欠落，障害された状況に陥ったとすれば，それは人間にふさわしくない状態を意味する．そうすると，再び人間にふさわしい状態にするというリハビリテーションは，理念的に非常に広い意味を包含している．リハビリテーションとは，単なる機能訓練ではない．さまざまな障害を持っている人が，それを克服し，人間として生きぬいていく手だてを，ともに模索していく包括的な取り組みであると捉えられる．

表 4-2　人間に関する大学生の自由記載

| | |
|---|---|
| 心身の機能 | 脊柱がS字カーブを描く，脳が発達している，上肢の巧緻性に優れている，喜怒哀楽の感情がある，理性を持つ，思考能力・学習能力がある |
| 基本的能力 | 二足歩行をする，火を使う，道具を作る，言葉を話す，文字を書く，歌う，音楽を聴く |
| 家庭生活 | 家に住む，服を着る，化粧をする，風呂に入る，料理をする，買い物をする |
| 好奇心の達成 | 趣味を持つ，スポーツをする，文化を持つ，宗教活動をする，営利活動をする，新しい知識を追求する，歴史を大切にする |
| 社会生活 | 他者のことを思いやる，コミュニティー社会を形成する，一人では生きていけない，法律を持っている |

一方，介護とは何か．介護の対象となるのも人間である．人間であれば，誰しも求めるのは，自立して生きていけることであろう．1970年代，米国のIL運動（重度障害者自立生活運動）に端を発した，障害を持つ人たちの意識の変革は，機会均等やバリアフリーといった概念を生み出した．わが国においても障害者プラン7ヵ年戦略がうちだされている．その社会的趨勢の中で，介護も単なるお世話ではなく，その人がこれまで歩んできた自立的生活に着目し，その継続を支援する技術であると捉える必要がある．その技術があってこそ，障害を持った人たちの生活や人生の質的向上が図られる．介護が，人間の尊厳や自立的生活，QOLを育む取り組みであるとするならば，それは理念的にリハビリテーションと同一であるといって良い．リハビリテーションで培われた技術や方法論は，そのまま介護の分野に応用が可能なのだ．

## 4．21世紀の老人ホーム

　21世紀が始まろうとしている．昭和30年代に生まれた人たちが，介護保険第一号被保険者となるとき，高齢者人口のピークを迎える．この世代は，まったく「戦争を知らない子ども達」であり，高度経済成長期に学生時代を過ごし，成人になってから，コンピュータという箱を手にとり，これから到来するIT時代を生き抜かなければならない．何よりも，第二号被保険者として，はじめから介護保険を支えていく世代となる．安定した豊かな社会を知り，権利を行使する世代といえるかもしれない．施設利用者の特性は，時とともに変化する．この20年〜30年の間に，施設自体がそれにあわせて進化していかねばならない．受動的生活環境としての施設という生活空間，能動的生活環境を創造していくための介護という人を扱う学問，その両者が時代の流れを察知して，次なる世代のニーズに対応する準備をしていかなければならない．

〔大友　昭彦〕

## 文　献

1) 厚生省大臣官房統計情報部：平成10年社会福祉施設等調査報告．2000．
2) Cassel J：The contribution of the social environment to host residence. Am J Epidemiol, 104：107-123, 1976.
3) 大友昭彦：在宅脳卒中後遺症者の生活活動能力と機能障害・社会的因子の関係．理学療法学，26（5）：192-198，1999．
4) Kahn RL, et al：Conboys over the life coures：Attachment roles and scial support. In Baltes PB, Brim O(Eds), Life-span development and behavior, Academic Press, 3：253-286, 1980.
5) 竹内孝仁：地域リハと通所訓練．地域保健，15（11）：14，1984．
6) 大友昭彦：脳卒中後年余を経過した在宅患者における機能障害の特性と社会的活動能力の改善．福島医学雑誌，49（3）：143-150，1999．
7) 大友昭彦：養護老人ホーム入居者の立ち上がり動作に影響を及ぼす要因の検討．理学療法の歩み，7：48-52，1996．

# 5章
# より豊かな高齢社会をめざす，家族介護負担の軽減

　現在，わが国は未曾有の高齢化社会への道を歩んでいる．急増した高齢者の幸福は，いつまでも健康でそれになりに社会に貢献できる状況が保てることであろう．しかし，残念ながら老年病をはじめ，何らかの疾病に罹患することが多く，医療を受けて症状が軽減しても何らかの障害を残すことが一般的である．痴呆症をはじめいろいろな障害を持った高齢者にとって最も必要とされるのは，医療よりもむしろ介護である．

　介護を受ける場合，単身ならばいざ知らず家族がある場合には，自宅で家族による介護を受けることが障害を持つ高齢者には一番適した形態といわれている．中には遠慮して家族の世話になりたくないという高齢者もいるが，心の底で望んでいるのは，やはり信頼する家族に介護されることと推測される．

　近年，少子高齢化，核家族化が進み，子どもが親の面倒を見るという日本古来の伝統が崩れつつあり，その結果配偶者のどちらかが面倒を見るとか，親が障害を有する子どもを介護する例が増加している．高齢社会化にともない介護者の年齢も高齢化し，介護者のQOL低下のために介護負担が次第に増加する傾向がみられる．介護が十分にできなくなると，要介護者の症状も悪化するし，その分介護者の負担もさらに増加するという，悪循環が形成される．

　逆に適切な介護を受けた場合には，たとえば痴呆の問題行動のような症状でも軽くなり，介護者の負担がそれだけ減少するという良循環もある．介護者が過度の負担を抱くと，要介護者への虐待が生じたり，時には介護破綻に至る悲惨な結末を迎えることもある．このような事態を防ぐために，われわれは介護者の負担

を軽減していく方策を考えていく必要に現在迫られている．

そこで，本稿では将来のより豊かな高齢社会を構築するために必要な要因は数多くあるが，介護負担をすこしでも軽減するためにはどうしたらよいかということを特に取り上げ，今までの著者らの研究結果を踏まえて述べてみたい．

## 1．介護負担の定義とその評価尺度

介護負担の研究にとって重要なものは，まず介護負担の明確な定義であり，それに基づいて介護負担を科学的，定量的に評価することが可能な尺度を開発することである．しかもその尺度は，その信頼性，妥当性が確認されており，国際的にも通用するものが求められる．そうしたものがあれば，経年次的にも，また諸外国を含めた地域別の介護負担を比較検討することが初めて可能となる．

介護負担という概念を最初に定義したのはZaritである．彼は「親族を介護した結果，介護者が情緒的，身体的健康，社会生活および経済状態に関して被った被害の程度」と介護負担を定義した．この操作的定義に基づき，身体的負担，心理的負担，経済的困難などを総括し，介護負担として測定することが可能な尺度をZaritは作成した[1,2]のである．

この尺度は，22項目の質問から構成されている．すなわち，1～21の各質問は，さまざまな場面における介護の負担感に関しての質問であり，それぞれ，0：思わない，1：たまに思う，2：時々思う，3：よく思う，4：いつも思う，の5段階であり，0～4点まで負担度が大きいほど高得点になるように配点されている．また，第22問の質問は，Zaritが"a single global burden"と定義した質問項目であり，全体として介護がどの位大変であるかを，0：全く負担ではない，1：多少負担に思う，2：世間なみの負担である，3：かなりの負担である，4：非常に大きな負担である，の5段階から，回答者に選択させるものである．したがって本尺度は，22項目の質問で構成されており，負担が最大のときの得点は88点で，介護負担が全くないときの得点はゼロ点である．

一方わが国では，信頼性，妥当性が確認された介護負担を測定する尺度として，

表 5-1 Zarit 介護負担尺度（日本語版）

各質問について，あなたの気持ちに最もあてはまると思う番号を○で囲んで下さい．

| | 思わない | たまに思う | 時どき思う | よく思う | いつも思う |
|---|---|---|---|---|---|
| 1. 患者さんは，必要以上に世話を求めてくると思いますか | 0 | 1 | 2 | 3 | 4 |
| 2. 介護のために自分の時間が十分にとれないと思いますか | 0 | 1 | 2 | 3 | 4 |
| 3. 介護の他に，家事や仕事などもこなしていかねばならず「ストレスだな」と思うことがありますか | 0 | 1 | 2 | 3 | 4 |
| 4. 患者さんの行動に対し，困ってしまうと思うことがありますか | 0 | 1 | 2 | 3 | 4 |
| 5. 患者さんの側にいると腹が立つことがありますか | 0 | 1 | 2 | 3 | 4 |
| 6. 介護があるので家族や友人と付き合いづらくなっていると思いますか | 0 | 1 | 2 | 3 | 4 |
| 7. 患者さんが，将来どうなるのか不安になることがありますか | 0 | 1 | 2 | 3 | 4 |
| 8. 患者さんはあなたに頼っていると思いますか | 0 | 1 | 2 | 3 | 4 |
| 9. 患者さんのそばにいると，気が休まらないと思いますか | 0 | 1 | 2 | 3 | 4 |
| 10. 介護のために，体調を崩したと思ったことがありますか | 0 | 1 | 2 | 3 | 4 |
| 11. 介護があるので自分のプライバシーを保つことができないと思いますか | 0 | 1 | 2 | 3 | 4 |
| 12. 介護があるので自分の社会参加の機会が減ったと思うことがありますか | 0 | 1 | 2 | 3 | 4 |
| 13. 患者さんが家にいるので，友人を自宅に呼びたくても呼べないと思ったことがありますか | 0 | 1 | 2 | 3 | 4 |
| 14. 患者さんは「あなただけが頼り」というふうに見えますか | 0 | 1 | 2 | 3 | 4 |
| 15. 今の暮らしを考えれば，介護にかける金銭的な余裕はないと思うことがありますか | 0 | 1 | 2 | 3 | 4 |
| 16. 介護にこれ以上の時間はさけないと思うことがありますか | 0 | 1 | 2 | 3 | 4 |

| | | 全く負担ではない | 多少負担に思う | 世間並みの負担だと思う | かなり負担だと思う | 非常に大きな負担である |
|---|---|---|---|---|---|---|
| 17. | 介護が始まって以来,自分の思いどおりの生活が出来なくなったと思うことがありますか | 0 | 1 | 2 | 3 | 4 |
| 18. | 介護を誰かにまかせてしまいたいと思うことがありますか | 0 | 1 | 2 | 3 | 4 |
| 19. | 患者さんに対して,どうしていいかわからないと思うことがありますか | 0 | 1 | 2 | 3 | 4 |
| 20. | 自分は今以上にもっと頑張って介護するべきだと思うことがありますか | 0 | 1 | 2 | 3 | 4 |
| 21. | 本当は自分はもっとうまく介護できるのになあと思うことがありますか | 0 | 1 | 2 | 3 | 4 |
| 22. | 全体を通してみると,介護をするということはどれくらい自分の負担になっていると思いますか | 0 | 1 | 2 | 3 | 4 |

　木下らが開発した尺度,松田が開発した尺度などがあるが,わが国独自のものであるため国際的研究には使用が困難かもしれない.介護負担はわが国特有の現象ではなく,全世界のどの国でも共通する問題である.したがって,国際的に比較が可能な介護負担尺度の日本語版を作製することは,今後介護者に対する施策を諸外国から取り入れるときにもきわめて有用と思われる.

　そこで著者は,Zaritの許可を得て,Zarit介護負担尺度の日本語版を作成した[3,4]. 表1に,全22項目の質問とその判定基準を示したが,原版と同じく満点は88点であり,介護負担が全くない場合はゼロ点である.この尺度の信頼性(再検査信頼性と内的整合性)と妥当性(抑うつ尺度および介護時間との相関)は確認済みである.実際に著者らが,この尺度を用いて宮城県在住の要介護高齢者を在宅で介護している介護者を対象として,介護負担とADL,あるいは問題行動の有無との関連を調査したところ,問題行動の有無と介護負担とは有意の関連がみられた[5]. これらは,Zaritが原版を用いてアメリカの要介護高齢者の介護者を対象に行なった場合に得られた知見とほぼ一致していた.

## 2. 調査研究と研究結果のフィードバック

　介護負担を評価する尺度を用いて研究を行なった場合，その結果を対象者にフィードバック（図5-1）し，さらに次の研究計画を考えることは，研究者の利益のみならず，施策を立てる関連市町村の利益にもなるし，患者および家族の教育にも繋がっていくのである．そして，結果として介護負担を軽減する方策が生まれてくる．ここで，著者らが宮城県M町在住の要介護高齢者とその介護を担当する家族に対し行なった調査の概要を紹介しながら，研究結果のフィードバックの有用性について述べたい．なお調査内容は，高齢者の日常生活動作能力を把握するためにバーセルインデックス，介護者の介護負担を把握するためにZarit介護負担尺度（日本語版）を用い，さらに介護負担に関連すると思われる要因，すなわち介護者側の要因，要介護高齢者側の要因，環境要因についての情報もあわせて収集した．

### 1）プレフィードバック

　著者らは，調査研究を行なう前に対象者である介護者，行政職員，保健婦，地域の民生委員などの協力者に参加して頂き，調査研究の趣旨説明会を開いた．ここでは，今回の研究目的，方法，予想される結果などについての説明をし，さらに配布予定の質問紙を公開し，質問項目に問題がないか，どうかについて討議を行なった．これはプレフィードバックともいえるもので，対象者や行政職員とを交えた討論会を通じて，質問項目の修正などが必要に応じて行なわれた．説明会に出席できないかった対象者には，説明のための文書を送付した．調査前には，対象者全員からの同意を文書で取得した．

### 2）初回調査

　一定期間内に初回調査を完了し，データを集計・分析した．初回の調査では，対象となった介護者のうち介護負担が高い群は，低い群に比較して，サービス利

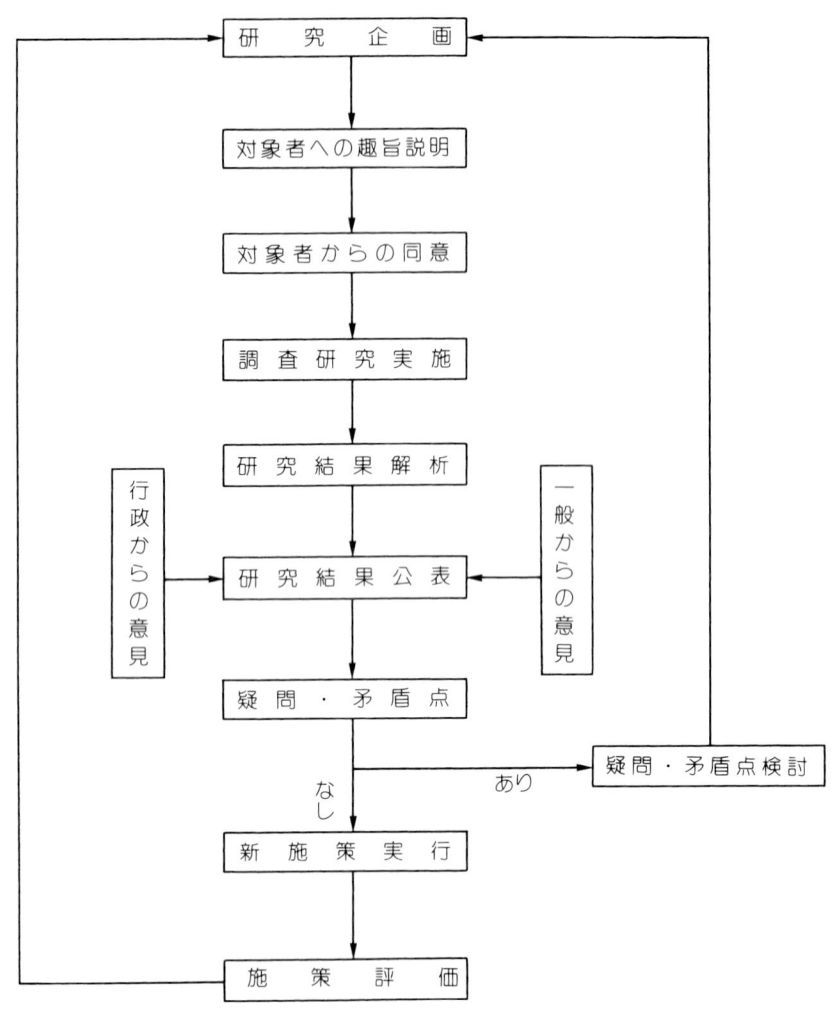

```
                    ┌─────────────┐
         ┌─────────→│ 研 究 企 画 │←──────────────┐
         │          └──────┬──────┘                │
         │                 ↓                       │
         │        ┌─────────────────┐              │
         │        │ 対象者への趣旨説明 │              │
         │        └────────┬────────┘              │
         │                 ↓                       │
         │        ┌─────────────────┐              │
         │        │  対象者からの同意 │              │
         │        └────────┬────────┘              │
         │                 ↓                       │
         │        ┌─────────────────┐              │
         │        │  調 査 研 究 実 施 │              │
         │        └────────┬────────┘              │
         │                 ↓                       │
         │        ┌─────────────────┐              │
         │ ┌─┐    │  研 究 結 果 解 析 │    ┌─┐      │
         │ │行│   └────────┬────────┘    │一│      │
         │ │政│            ↓             │般│      │
         │ │か│   ┌─────────────────┐    │か│      │
         │ │ら│→ │  研 究 結 果 公 表 │← │ら│      │
         │ │の│   └────────┬────────┘    │の│      │
         │ │意│            ↓             │意│      │
         │ │見│   ┌─────────────────┐    │見│      │
         │ └─┘    │  疑 問・矛 盾 点  │    └─┘      │
         │        └──┬───────────┬────┘            │
         │         な│           │あり   ┌──────────────┐
         │          し│           └─────→│ 疑問・矛盾点検討 │
         │           ↓                   └──────────────┘
         │        ┌─────────────────┐
         │        │  新 施 策 実 行  │
         │        └────────┬────────┘
         │                 ↓
         │        ┌─────────────────┐
         └────────│  施 策 評 価    │
                  └─────────────────┘
```

図 5-1　調査研究の流れ：研究結果のフィードバック

用量が少ないこと，家庭での介護時間が長いことが明らかになった．要介護高齢者の身体的・精神的障害の程度を，統計的に補正しても同様の結果であった．この結果から著者らは，介護破綻を避けるためにはなるべく介護に要する時間を減らし，自分自身の自由になる時間を多く持つことが大事であることを痛感した．

また，要介護高齢者の3割以上が，障害の程度が重度であっても全くサービスを利用していないことが明らかになった．その一方で，サービス供給者である訪問看護ステーションなどから，サービスの需要量が供給量を下回っていることが明らかにされた．

　初回の結果報告会では，介護は分担されることが望ましく，他の家族と交替したり，社会的サービスを十分活用することなどを筆者らは対象者に奨めた．逆に対象者および行政の側からは，サービス利用に関連する要因を検討してほしいとの希望が出された．これを受けて第2回目の調査が計画された．

## 3）第2回目の調査

　ここでは，要介護者のサービス利用に関連する要因について検討した．多変量解析の結果，要介護者のADLが高いこと，介護者がサービス利用するとき他人の目が気になること，の2要因がサービス利用を妨げていることが明らかになった[6]．以前から「他人の目が気になってサービスが利用できない」との風潮は指摘されていたものの，それを実証した研究は，わが国ではほとんどなかった．また，自立している高齢者を対象とした，公的サービス利用についての意識調査も行なった．その結果，自立高齢者のうち「もし自分が痴呆になったとしても，家族が公的サービスを利用して欲しくない」と答えた人が42％も存在した．しかし，自らに介護経験がある高齢者は，むしろ積極的にサービスを利用してほしいと答える傾向にあった．自らに介護経験のある高齢者は，介護がいかに困難なものかをわかっているので，サービス利用に対する偏見が少ないと考えられた．

　第2回の調査報告会で上記の結果を報告したところ，対象者のみならずサービス供給者側からも非常に興味深い結果だとの意見が寄せられた．すでに介護経験のある高齢者に，現在介護している介護者をサポートしてもらい，同時に一般のサービス利用の効用を宣伝する機会を作るべきだとの意見が出された．

　これらの結果を踏まえて，同町では，介護経験者によるボランティア活動を立ち上げることとなった．具体的には，これらのボランティアがデイケアに通っている要介護高齢者のケアに協力し，同時に介護者の話し相手になるというもので

ある．介護経験者からサービスの活用の仕方など，先輩としての実体験に基づいた話が聴けることで，介護者の負担も軽くなるものと思われる．

## 3．介護者の介護負担軽減策

介護負担を軽減するための方策として，大きく分けると介護者に対し外から何らかのサポートを提供すること，および介護者自身の介護に対する考え方を変えてもらうことの2つが考えられる．前者には物理的なサポートおよび精神的なサポートがある．後者には，介護者あるいは介護者を取り巻く集団（家族を含む）に対して，情報提供あるいは教育を行なうことである．

### 1）介護家族に対するサポート
#### (1) サポートの必要性

介護者にかかるストレスが，大きければ大きいほど介護負担は増大する．そこで，介護者に対し，ストレスを軽減することを目的とした多面的なサポートがなされると，介護負担が軽減されることになる．サポートを効率的に行うためには，介護者にかかるストレッサーの種類，および程度を客観的にとらえ，その経時的変化を十分に把握する必要がある．介護者のストレッサーを客観的にとらえるためには，前述のZarit介護負担尺度（日本語版）のような信頼性・妥当性が確認された介護負担尺度を用いた経時的・定量的調査が是非とも必要である．介入前後で同じ尺度を用い，その効果を定量的に判断すれば，どのサポートが最も効果的であったかを容易に見極めることができる．

#### (2) サポートの種類

サポートには，物理的なものと，精神的なものとがある．物理的サポートとして第一にあげられるものは，在宅福祉サービスである．ホームヘルパー，ショートステイ，デイサービスがこの三本柱といわれている．しかし，本当に質のよいサービスが，何処でも，何時でも容易に利用できることが理想であるが，現在各種在宅サービスの量と質には限りがあることを理解しなければならない．在宅

サービスの提供以外に，介護指導書や，介護指導ビデオの紹介・配布，介護に関する講演会の紹介など，各種の情報の提供も必要であるし，介護の効率化を目指した家屋の改造資金の貸付など，経済的サポートもあげられる．

こうした物理的サポートが整えば，在宅介護がスムースにいくかと思うとそうではない．小林らの，ある都市での痴呆性老人の介護に関する調査[7]によると，在宅看護が困難となって入院してきた患者の家族に，「社会的サポートがあれば，在宅介護が継続可能であったか」という質問をしたところ，家族の66%が否定的な回答をした．それを家族構成別にみると，本人と子家族の83%，夫婦と子家族の71%が，どんなサポートがあっても在宅介護の継続は無理という回答をした．これは，痴呆性老人が，若い世代と都市で同居して住むことの難しさを示すものと解釈されている．

精神的サポートとして大切なものは，専門職または介護経験のあるボランティアによる介護者のカウンセリングである．カウンセリングは，個別またはグループで行われるが，問題の核心に迫ることができるものでなくてはならない．また，困りごと相談所の開設，家族会への支援などもある．これらを通して介護者が持っている介護知識，体力，能力などを損なうことなく，育てあげていくのである．精神的サポートの詳細については，後述の家族教育の項でも述べたい．

### (3) サポートの効果の実例

アメリカで1996年にMittelmanらが行なった「介護者をサポートし，成果がみられた」という介入研究の結果[9]をここで紹介しよう．彼らは，206組の患者と家族を，無作為割付により103組の介入群と103組の非介入群に分けコントロールスタディを企画した．介入群に対しては，以下の3点の介入が行なわれた．

① 4ヵ月間に介護者を対象にした定期的セミナーを6回施行．

　セミナーの内容は，患者アセスメントの結果に応じ，個々の介護者または介護グループに対しロールプレイ（role play）を通して学習をさせた．たとえば，「患者の問題行動の予防」をとりあげると，失禁を防ぐためには，介護者が患者を頻繁にトイレにつれていく，また患者に対しては，食事のときに料理を1種類のずつ出したほうが，患者は混乱しないかもしれない，などで

ある．そして最終回には，個々の介護者に対して4ヵ月のまとめを提出させた．
②介護者は，アルツハイマー患者の介護者のための支援グループに入会することが義務づけられ，介護者同士が定期的に集まり，情報交換する場が設けられた．
③24時間対応の介護についての電話相談受付を開設した．これにより個々の介護者は，問題行動がひどいとき，その場でどうしたらよいかを聞くとか，介護のストレスをどうやって減らすかなどについて，電話でアドバイスが受けられるようにした．

介入の結果は，以下の2点に集約されるが，明らかに症状の軽減が見られ，その結果介護負担が減少することとなった．
①介護者：8ヵ月間の追跡では，介入群の介護者が抑うつ傾向になる度合いは非介入群に比較して有意に少ない[8]．
②患者：8年間の追跡では，患者の重症度など他の要因を統計学的に補正しても介入群の老人ホームへの入所率は非介入群に比較して有意に少ない[9]．

## 2）介護を受け持つ家族の教育

### (1) 家族教育の重要性

今井は[10]，介護者の条件として以下の4点をあげている．
①介護者自身が健康であること
②介護者を助ける家族が身近に存在すること
③介護する人とされる人との関係が以前から良好であること
④介護者が介護の（天性の）素質を持つこと

つまり，前向きに考え，行動が出来る人であって，大変だと途方に暮れるのではなく，開き直り出来る人でなければならないという．さらに，介護を楽にする最大のヒントとして次の10点をあげている

①出来ることには手も口も出さない
②出来ないことを無理にやらそうとするのでなく，手を貸す
③危険なこと以外は見てみない振りをする

④説得や訓練は時間の無駄
⑤他の家族も介護に巻き込む，必要ならば猫の手も借りる
⑥遠くの親戚より隣の他人
⑦これまでの介護者の生活パターンは出来る限り変えない
⑧自由な時間を多く持つ
⑨出来るだけ多くの介護サービスを利用する
⑩介護は生活のすべてでなく，その一部にする

　これは，非常に的を得たものであり，どれを取り上げても「なるほど」と頷けるものである．ところが，介護者が介護に明け暮れていると，なかなかこうしたことに気づかないことが多い．ここに家族教育の重要性の原点が示されている．介護者は，社会的サービスなどを積極的に利用し，なるべく自分自身の自由な時間を作り，介護に関するセミナーの出席や書物を読むことによって，介護に関する勉強をしなければならない．また社会は，こうした介護者が介護に関する教育を受けやすいような環境を作り上げねばならない．

### (2) 家族教育の方法

　教育の方法としては，個別に行なわれるものと集団で行なわれるものとがある．
①個別教育のうち最も重要なものはカウンセリングと考えられる．カウンセリングは，臨床心理士や精神科医師など，専門職によるものが主体となるが，何処でどのようなことが行われているかについての情報が乏しく，利用しにくい面がある．したがって，公的，または第三者による「介護相談窓口」が開設され，公表される必要がある．利用者がそこを訪れると，係員が内容を聴取し，問題解決のための簡単なヒントを与えたり，しかるべき機関にカウンセリングの斡旋をする．こうした窓口は24時間対応が望ましい．

　カウンセリングは専門職だけでなく，介護の経験を持ったボランティアによるものも有効と考えられる．ボランティアは介護相談窓口に所属していてもよいし，家族の会などに所属し，会員の相談にのる形式でもよい．後者の場合は，ボランティアが会員同士の会話の中から積極的に問題点を探り出し，当人が困っている問題解決の鍵を与えるようにすると効果的である．という

のは，介護者本人が自分の抱えている問題を整理できていないことが多いからである．つまり，井戸端会議が解決の鍵を作り出すのである．

② 集団で行なわれる教育としては，介護に関する講演会とか，各種の介護勉強会である．こうした教育は一回限りのものでなく，シリーズで行なわれるものでなくてはならない．しかも，ある一定のマニュアルに基づいて構成されたシリーズが，ある一定期間をおいて繰り返される必要がある．そうすれば，都合で聞き損なった人も次の機会に聞けることになるし，繰り返し聞けばそれだけ理解することが容易となるのである．こうした講演会，勉強会は，一定のマニュアルを利用したシステム化が重要である．

③ 患者家族の会の設立，および活性化も家族教育に重要である．全ての介護者が，どこかの会に所属することが望ましく，パンフレットの配布，講演会・勉強会などの重要な情報も家族の会が発信源となる．また家族の会は，介護に関する書物とか，ビデオテープなどを揃えて貸し出したり，お互いの苦労話などを話し合う井戸端会議の場を提供するのである．こうした役割が教育効果に役立つ度合いは，非常に大きいと考えられる．

④ 間接的に家族教育に役立つものもたくさんある．著者らの聞き取り調査では，新たに介護をはじめた介護者の相談相手として最も多かったのが保健婦，次いでかかりつけ医であった．この結果から明らかなように，かかりつけ医は医療の知識だけでなく，地域にどのようなサービスがあるのかを熟知し，介護者に正確に伝える必要がある．保健・医療・福祉の総合が必要と叫ばれて久しいが，市町村の保健福祉課と地元の医師会との連携が，今後ますます重要となっていくだろう．

　たとえば，3ヵ月ごとに両者の連絡協議会を設置し，新たに在宅介護をはじめた人，あるいは現在介護をしている人などを，地域として支えていく支援システムを構築することが有効かもしれない．また介護に対する不安は，医学的知識の不足に起因していることも多いため，医学会が監修した「痴呆とは何か」，「問題行動にどう対処すべきか」などの一般向けのパンフレットなどを作成することも有効であろう．

ところで，在宅介護者と最も頻繁に接触するのはホームヘルパーである．したがって，ホームヘルパーの資質を向上させていくことが，周り回って介護者の教育に貢献することになる．今後は，ホームヘルパーの資質を向上させるために，医師会や関係省庁によるホームヘルパーの教育システムと，ホームヘルパーの水準が一定に保たれているかどうかをチェックする監査システムの立ち上げが必要となるであろう．

　輝かしい未来の高齢社会をより充実したものとして維持するためには，障害を持った高齢者を在宅で介護するとき，家族の介護負担は見過ごすことが出来ないものである．介護負担を軽減することは一つの要因として大変重要なものであり，困難であるからといって放置できるものではない．
　ここでは，介護負担の定義と評価の定量化，介護負担調査の結果とそのフィードバック，およびいくつかの介護負担減少の試みについて述べたが，家族介護を円滑に進めるためには，多くの問題点が残されている．これらの問題点を一つ一つ取り上げ，皆で知恵を絞って解決しなければならないときが迫っているのである．わが国は世界一の長寿国であるため，高齢者の介護についてはわが国独自の方法を模索していかなければならない．それは，諸外国に決定版となる手本がないからである．

［荒井　由美子・武田　明夫］

## 文　献

1) Zarit SH, Reever KE, Bach-Peterson J：Relatives of the impaired elderly；Correlates of feelings of burden. Gerontologist, 20：649-655, 1980.
2) Zarit SH, Zarit JM：The Memory and Behavior Problems Checklist-1987 R and the Burden Interview. Pennsylvania University, Philadelphia, 1987.
3) Arai Y, Kudo K, Hosokawa T, et al：Reliability and validity of the Japanese version of the Zarit Caregiver Burden Interview. Psychiatry Clin Neurosciences, 51：281-7, 1997.
4) 荒井由美子：Zarit 介護負担スケール日本語版の応用．医学のあゆみ，186：930-931, 1998.

5) Arai Y, Washio M : Burden felt by family caring for the elderly members needing care in southern Japan. Ageing and Mental Health, 3 : 158-164, 1999.
6) Arai Y, Sugiura M, Miura H, Washio M, Kudo K : Undue concern for others'opinions deters caregivers of impaired elderly from using public services in rural Japan. Int J Geriat Psychiatry. In press.
7) 小林敏子, 福永知子：痴呆性老人の心理と対応. p 110, ワールドプランニング, 東京, 1998.
8) Mittelman M, et al : A Comprehensive Support program : Effect on Deprssion in Spouse-Caregivers of AD patients. Gerontologist, 35 : 792-802, 1995.
9) Mittelman M, et al : A Family intervention to Delay Nursing Home Placement of Patients With Alzheimer Disease : A Randomized Controlled Trial. JAMA, 276 : 1725-1731, 1996.
10) 今井幸充：脱・介護地獄―痴呆性高齢者をかかえる家族に捧ぐ―. p 86-87, ワールドプランニング, 東京, 1999.

# 6章 ケア社会における人々の生き方

## 1. 社会の変革とケア社会

　地域集団の健康を表す指標は，死亡率，平均寿命・平均余命，罹患率・有病率などが用いられているが，WHOは『World Health Report 2000』の中で，表6-1に示すように世界191ヵ国の国民の健康寿命を示した．この健康寿命はその国の人が平均で何歳まで健康に生きられるかを表したものであり，日本は74.5歳で191ヵ国中1位であり，最下位の国は健康寿命が25.9歳の激しい内戦が続いているアフリカのシェラレオネである．この指標により日本は世界で一番健康に長生きできる国であると位置付けられたが，これはひとえに平和で，食糧・栄養事情が良く，保健医療や環境衛生の対策が進んだお陰だと言える．

　しかしながら，現在のわが国における医療を取り巻く環境は多くの問題を抱え，大きく変化し始めている．急速な少子高齢化に伴う社会構造の変化は，従来の医療中心の政策から保健医療および福祉の連携と充実を図る必要性に迫られている．また，医療技術の高度化により脳死判定や臓器移植，および人の生殖医療等，人間の生と死に関するさまざまな生命倫理の問題にも直面しており，人々の医療に対する認識も変化している．がん告知に対する人々の考え方についての朝日新聞社の全国世論調査で，自分のがん告知について「知らせてほしい」人が1989年3月の59%から2000年9月の76%に増加した．また2000年の同調査で自分の延命治療を「希望しない」人が77%を示した．

表 6-1 WHO 加盟国の健康寿命（WHO：World Health Report 2000.）

| 順位* | 国 名 | 健康寿命（年齢） | | |
|---|---|---|---|---|
| | | 全体 | 男 | 女 |
| 1 | 日本 | 74.5 | 71.9 | 77.2 |
| 2 | オーストラリア | 73.2 | 70.8 | 75.5 |
| 3 | フランス | 73.1 | 69.3 | 76.9 |
| 4 | スウェーデン | 73.0 | 71.2 | 74.9 |
| 5 | スペイン | 72.8 | 69.8 | 75.7 |
| 6 | イタリア | 72.7 | 70.0 | 75.4 |
| 7 | ギリシャ | 72.5 | 70.5 | 74.6 |
| 8 | スイス | 72.5 | 69.5 | 75.5 |
| 9 | モナコ | 72.4 | 68.5 | 76.3 |
| 10 | アンドラ | 72.3 | 69.3 | 75.2 |
| 11 | サンマリノ | 72.3 | 69.5 | 75.0 |
| 12 | カナダ | 72.0 | 70.0 | 74.0 |
| 13 | オランダ | 72.0 | 69.6 | 74.4 |
| 14 | 英国 | 71.7 | 69.7 | 73.7 |
| 15 | ノルウェー | 71.7 | 68.8 | 74.6 |
| 16 | ベルギー | 71.6 | 68.7 | 74.6 |
| 17 | オーストリア | 71.6 | 68.8 | 74.4 |
| 18 | ルクセンブルク | 71.1 | 68.0 | 74.2 |
| 19 | アイスランド | 70.8 | 69.2 | 72.3 |
| 20 | フィンランド | 70.5 | 67.2 | 73.7 |
| 21 | マルタ | 70.5 | 68.4 | 72.5 |
| 22 | ドイツ | 70.4 | 67.4 | 73.5 |
| 23 | イスラエル | 70.4 | 69.2 | 71.6 |
| 24 | アメリカ合衆国 | 70.0 | 67.5 | 72.6 |
| 25 | キプロス | 69.8 | 68.7 | 70.9 |
| 26 | ドミニカ | 69.8 | 67.2 | 72.3 |
| 27 | アイルランド | 69.6 | 67.5 | 71.7 |
| 28 | デンマーク | 69.4 | 67.2 | 71.5 |
| 29 | ポルトガル | 69.3 | 65.9 | 72.7 |
| 30 | シンガポール | 69.3 | 67.4 | 71.2 |
| 51 | 大韓民国 | 65.0 | 62.3 | 67.7 |
| 81 | 中華人民共和国 | 62.3 | 61.2 | 63.3 |
| 99 | タイ | 60.2 | 58.4 | 62.1 |
| 111 | ブラジル | 59.1 | 55.2 | 62.9 |
| 134 | インド | 53.2 | 52.8 | 53.5 |
| 182 | エチオピア | 33.5 | 33.5 | 33.5 |
| 191 | シェラレオネ | 25.9 | 25.8 | 26.0 |

*191 カ国の順位

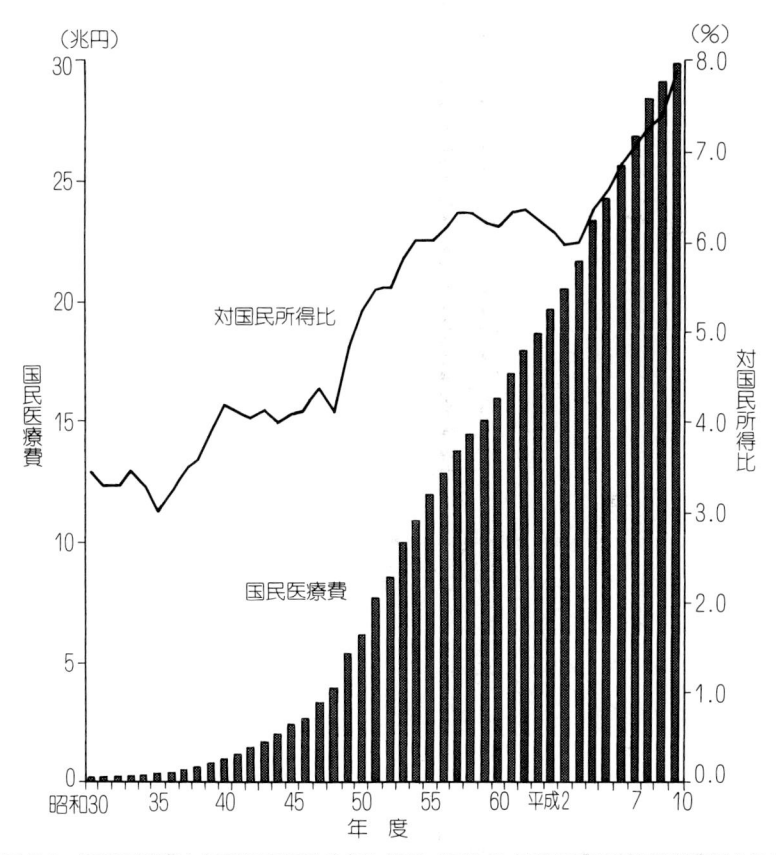

図 6-1　国民医療費と対国民所得比の年次推移（厚生省大臣官房統計情報部資料より）

近年の医療技術の進歩と環境衛生の改善は，微生物に起因する感染症の大部分を減少させたが，悪性新生物，心疾患，脳血管疾患，および糖尿病に代表される代謝疾患などの生活習慣病のような慢性疾患患者は増加しており，医療技術の進歩や高齢化により国民医療費も図6-1に示すように増大し続け，わが国の医療経済の問題も深刻になっている．国民医療費は医療機関等における傷病の治療に要する費用を推計したものである．平成10年度の国民医療費は29兆8,251億円であり，前年度に比べ2.6％の増加である．国民一人あたりの医療費も同様に増加し続けており平成10年度は23万5,800円であり，国民医療費の国民所得に対する

割合も図6-1のように増大し続け平成10年度で7.86%を占めている．このような深刻な状況を背景に，従来の早期発見・早期治療の二次予防の考え方から，生活習慣病などの疾病そのものの発症を予防する一次予防に力を注ぐ政策に転換しつつある[1]．一次予防のための対策として労働省は，運動，栄養，保健指導，心理相談の4つの柱からなるTHP（Total Health Promotion plan）[注1]計画を作成し勤労者に対する健康増進活動を推進してきた．

ストレスフルな現代社会の中でメンタルヘルスの問題や，治る見込みのないがん患者等の終末期医療の問題，また高齢者に対する老人介護の問題など，治療だけでは対応できない健康上の問題に対してケアの重要性が見直され始めている．わが国の健康問題におけるさまざまな変化は，キュア（治療）を重視した従来の考え方から人々の健康に関与するさまざまな専門家によって共同して行なうケアを重視した考え方に政策が移行しつつあり，個人のライフスタイルに応じて個人のQOL（Quality of Life，生活の質）を大切にするケア社会の構築がわが国の重要な課題になってきている．

## 2．ケアの概念

"生命の誕生"から"終末期の死"に至る人間のライフサイクルで見た場合，あらゆるライフステージにおいてケアという概念が当てはまる．つまり，家庭や学校における育児や教育の場面におけるケア，また家庭では親子の関係のみならず夫婦間のケアもある．保健・医療・福祉の場では，妊娠中の母親のケア，乳幼児の健康・育児についてのケア，医療施設での医学ケアや看護ケア，また地域や学校および職域での心身の健康に対するケア，さらに障害者や高齢者に対する施設や在宅におけるケア，死を目前に控えた人に対するターミナルケア等がある．それらのケアを実施するには，その対象者と家族を中心にして，医師，看護職者，

---

注1）昭和63年の労働安全衛生法の改正に伴い，有病者のみでなく健康な労働者全てを対象にしたトータルな健康指導による健康の保持増進を目指した活動が始まる．

ソーシャルワーカー，理学療法士，臨床心理士，教師，介護福祉士，さらには宗教家による魂の安寧のためのケアなど，多くの専門職によるチーム・ケアがこれからはますます重要になってくる．

　ケアという言葉は，一般的に「気にかける（care about）」と「世話をする，面倒をみる（care for）」の二つの意味合いで使われていると考えられるが，後者の「世話をする，面倒をみる」の概念に前者の「気にかける」の概念を含んで使うことも多いため，これら二つの概念は厳密に区別しがたく，両者の意味を包含して一般的には使っている．また，それらの概念はケアの行為においては，「見守る」という行為と，「援助する」という行為で一般的に説明されている．米国の看護学者ドロセア・オレム（Dorothea E. Orem）[2]は，そのことを「ケアをする（take care of）という言葉は，ある人もしくはある事物に対し「見守る（＝watch over）」，「責任をもって引き受ける，責任を負う（be responsible for）」，「世話をする，気を配る（look after）」という意味である．」と言っている．ケアの中の"見守る"という行為についていえば，日本においては育児から老人の介護に至るまで，ケアのなかの"世話をする"という行為が主になり，時としてはその行為が過保護や過干渉になることもあるが，"見守る"という行為が忘れがちになる傾向がある．これは現代日本人の「自立[3]」や「自己責任」の観念の低さ，あるいは日本人特有の概念である「甘え[4]」の考えに起因しているのではないかと思われる．

　「援助する」という行為は，その具体的な方法としてドロセア・オレムが示しているように次の5つがある[2]．先ず第1に「他者に代わって行なう」．これは自力では出来ない日常生活の行動において，たとえば入浴が自分で出来ない場合に，何らかの形で体を清潔に保てる行為をその人に代わって行なうなどである．次に，「指導し方向づける」．これは，知識や技術を提供することによってその人が自分で出来るようになるような援助である．3番目は，「身体的もしくは精神的サポートを与える」．4番目は，「個人の発達を促進する環境を整え維持する」．この場合の環境は，心理社会的な環境もあれば，物理的な環境もある．発達の促進に役立つのは全体的環境であって，その環境の一部ではない．5番目は「教育する」であり，これは根本的に新しい経験や考えを全人格的に受け止めていくことをとおし

て，その人格が知識や技術を増やすことも含めて再創造されることを示している．

## 3．ケア社会構築のための概念

### 1）自己実現と成長

　ケアという言葉の意味から，ケアするということには「見守る」から「教育する」までの内容が含まれることを述べてきたが，哲学者であり教育者である米国のミルトン・メイヤロフ（Milton Mayerhoff）は，『ケアの本質―生きることの意味（On Caring）』の中で，「一人の人格をケアするとは，最も深い意味で，その人が成長すること，自己実現することを助けることである．」と言っている[5]．「その人が成長すること，自己実現することを助けることである．」とは，前記の援助の方法における5番目の「教育する」という内容とほぼ同じ意味を持った言葉である．

　ケアするうえで，そのベースになる価値概念として重要な「自己実現」と「成長」については，米国の心理学者のアブラハム・マズロー（Abraham H. Maslow）によって次のように説明されている[6]．人間の欲求を図6-2のように5つの段階に分類している．ベースにある生理的欲求は生命維持に関する欲求で，食べ物，飲み物，保護，性，睡眠，酸素への欲求等を表している．それらの生理的欲求が十分に満足されると，次の段階である安全の欲求が現れる．安全の欲求は一般には健康な正常人においては満たされている．生理的欲求と安全の欲求が満たされると，次の段階として，愛と所属の欲求が現れる．マズローのいう愛情は，純粋に生理的欲求としてのセックスとは区別しており，カウンセリングを現象学的に体系化した米国の臨床心理学者であるカール・ロジャース（Carl R. Rogers）が定義した「愛とは，深く理解され，深く受け入れられることである．」という愛を表している．愛の欠如は，成長と可能性の発達を阻害するものであることも指摘しており，また，この愛情欲求は，与える愛と受け取る愛の両方を含んでいる．次は，承認の欲求と言われるもので，人間は2種類の承認の欲求を持っており，それは，自尊心と他者からの承認である．十分な自己承認を持っている人間は，

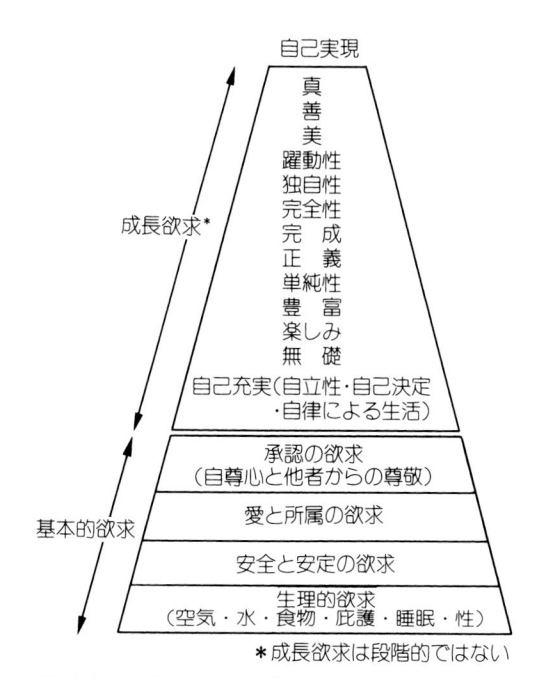

```
                    自己実現
                  ┌─────────┐
                  │  真      │
                  │  善      │
                  │  美      │
                  │  躍動性  │
         成長欲求* │  独自性  │
                  │  完全性  │
                  │  完 成   │
                  │  正 義   │
                  │  単純性  │
                  │  豊 富   │
                  │  楽しみ  │
                  │  無 礎   │
                  ├─────────┤
                  │自己充実(自立性・自己決定│
                  │・自律による生活)│
                  ├─────────┤
                  │ 承認の欲求 │
                  │(自尊心と他者からの尊敬)│
                  ├─────────┤
         基本的欲求│ 愛と所属の欲求 │
                  ├─────────┤
                  │ 安全と安定の欲求 │
                  ├─────────┤
                  │ 生理的欲求 │
                  │(空気・水・食物・庇護・睡眠・性)│
                  └─────────┘
                   *成長欲求は段階的ではない
```

図 6-2 アブラハム・マズローの欲求の階層
(フランク・ゴーグル (小口忠彦監訳):マズローの心理学. 産能大学出版部, 1993)

より自信があり有能で，生産的である．ところが，この自己承認が不十分であると，人間は劣等感や無力感を抱き，その結果，絶望したり，神経症的な行動を起すこともあることが指摘されている．「最も安定した，またそれだけ健康な自己承認は，外見上の地位・名声あるいは不当なへつらいなどではなく，周囲からの相応な尊敬に基づいている．」とマズローは述べている．

　ここまでの4つの段階が基本的欲求である．基本的欲求は，一般的には上記に列挙されたような順序に現れ，願望されるが，例外もあることが指摘されている．また幸運にも基本的欲求を満足させるのに十分な環境に生まれついた人々は，これらの欲求がかなり長い間，満たされない状況下に置かれても，耐えていけるような強い一貫した性格を発達させることが出来ると指摘されている．これらの基

本的欲求の満足は，人生の初期，特に最初の2年間が非常に重要であると指摘しており，この人生の初期が非常に重要であるという点は，ほとんど全ての心理学者の一致した見解である．「初期に安全で強く育った人々は，その後，いかなる脅迫に直面しても安定感と強さを失わずにいられるようである」とマズローは言っている．

　基本的欲求が充足されるにつれてより高いレベルの欲求に向かうことが出来る．基本的欲求の上に位置するのが高次の欲求である自己実現の欲求，すなわち，真善美の融合に向かう成長欲求である．アブラハム・マズローは"自己実現"を人間性の最高価値に位置づけ，人間は自己実現に向かって成長欲求を持っていることを示した．自己実現した人間は通常60歳以上の老齢者にのみ見られるもので，ほとんどの人は，成熟に向かって動いているため，このカテゴリーには入らない．アブラハム・マズローは成長という言葉で，才能・能力・創造性・分別および性格の絶えざる発達を意味した．"自己実現"の欲求のことを「人がなるところのものに，ますますなろうとする願望，人がなることのできるものなら，何にでもなろうとする願望」と述べている．人間は成長する能力を持っている．しかし，成長への人間の本能は，むしろ弱いものであるため，成長への傾向は悪い習慣，貧困な文化環境，あるいは不適当な教育といったもので容易に押さえられてしまうことを指摘している．

　この自己実現は他者実現に裏打ちされた高度な概念を示しており，自己実現の結果として他者に喜んでもらえ，人のためにもなり，社会のためにもなるものであって，自己中心的で周囲に不快や迷惑を及ぼす自己満足的な自己実現をいっているのではない．図の中にある真，善，美，の下にある躍動性，独自性などは自己実現している人の存在価値として表現されたものの一部であって，この中での順位づけはない．また，自己実現への欲求は，通常，基本的欲求に位置している愛情欲求と承認の欲求が適度に満足された後に発生するということ，および愛の欠如は，成長と可能性の発達を阻害するものであることにアブラハム・マズローは気づいた．人間が生きていくうえで愛がいかに大切なものであるかが伺える．日本曹洞宗の開祖の道元も親愛の心をこめた言葉を用いることの大切さを，『正法

眼蔵』の一篇『四摂方』の中で,「しるべし,愛語は愛心より起こる. 愛心は慈心を種子とせり. 愛語よく廻天のちからあることを学すべきなり.」と言っている[7].

　人の欲求の強さつまり強弱でいうと,この5つの階層の下ほど強く,成長欲求はむしろ弱いものである. 継続的な成長にとって重要なものは,勇気,誠実さ,そして自尊心であり,自己認識と自己理解は自己実現へ向かう最も重要な道であることをアブラハム・マズローは指摘している. また,成長にはある程度の苦痛と悲しみが必要であることも指摘しており,私たちは子どもあるいは大人を,そうした苦痛に満ちた,しかし必要な経験から常に保護したりはせず,忍耐強く見守ることも大切である. またアブラハム・マズローは,心理的な成長に失敗した人々は精神的・肉体的病状の症候に苦しんでいるのに,心理的成長を遂げた場合は更なる心理的健康へと導かれる事実の発見をしており,このことからも健康な生活を送るためには,愛情に支えられた心理的成長の重要性が伺える.

## 2) セルフケアと依存的ケア

　ケア社会の構築に向けて,さらに,もう一つの大切な概念としてセルフケア (self-care) と依存的ケア (dependent care) がある. セルフケアは,自分の心身の機能と発達の調整に対して,自分で継続して気を配り,必要なものを自分自身に供給することであり,これは自分のことは自分でコントロールでき責任を取るということである. 依存的ケアは,依存状態にある子ども,無力な人,病人,高齢者,身体障害者などに対して,責任を持つべき成人が援助することをいう.

　人間は一人では生きられない. 人間は社会の中で多かれ少なかれ相互に依存して生きている存在である. 現代社会においては,成人は自立していて,自分自身および自分に依存する人々の安寧に対して責任を持つことが期待されている. セルフケアが出来てさらに依存的ケアを行なえることが自立した大人の要件である. 一人の人間が生まれてから死ぬまでの"一生"というライフサイクルの中でケアを捉えると,人間誰しも依存的ケアを必要とする時期があり,セルフケアと依存的ケアのいずれも,個人の生活と健康,および人間としての安寧には必要なものである.

## 4．よく生きるということ

　個人のライフスタイルや QOL を大切にしたセルフケアや依存的ケアを行なうためには，自分らしく"よく生きる"ことへの問いかけが，ケアを提供する人，ケアを受ける人，いずれにも必要になる．自己および他者の成長や自己実現のためには，人はみな死に向って成長しながら生きているという自覚が必要であろう．その自覚によって，自分らしく精一杯何を大切にして生きていくかといった生き方に対するこだわりが生じてくる．

　人は自分に与えられた環境のなかで，自分の人生の目標を設ける．人はその目標を実現していこうとするプロセスのなかで，常に自分の内面である心・魂への問いかけを行なっており，この自分との対話においては人は何ものにもとらわれることなく自由である．オーストラリアの脳生理学者で，ノーベル賞受賞者のジョン・エックルス (John Carew Eccles) は著書[8]の中で，「人間は自己の人生に最善なるものを求めて精一杯に生きる自由を真に求めるものであり，この自由は，知識を得ることの自由と同じように，本来他者の自由を妨げることのない自由である．」と述べている．さらに，ジョン・エックルスは，「人生に最善なるものは，真善美の価値の探求であり，またその探求は決して完全に達成されることはないが，人間として最善なるものに至ろうとする行ないは，そのすべての実現の過程において，私たちに思いもよらない幸福をもたらさずにはおかないという事実が横たわっているのである．」と記述している．

　人が"よく生きる"というのは，仕事や役割をとおして「自分が何物であるか」のアイデンティティ[9]を確立し，肉親や親しい人々との心の触れ合いをとおして人生に感謝することであろう．個人が仕事や役割を担うということは，自分に期待される役割があるということであり，それは自分が目指す目標を据えて未来を望見できることであり，それらのことが人の生きがいになる．

　真善美の価値に向かって自己実現するということ，すなわち"よく生きる"ということは，あくまでも"自分らしく"と言うことが前提になり，他者との比較

ではない．自己実現のための自由な挑戦は，その挑戦が自分の限界を超えない時に成長をもたらすものであり，挑戦により否定的な結果にならないためには自分を見つめること・自己理解が大切になる．時には，健康的なあきらめも必要であろう．人間は生まれた時すでに自分では変えることのできない環境や身体を持っている．野菊がバラの花になろうとしてどんなに頑張ってもバラの花にはなれない．野菊は野菊として美しく咲く自己実現の仕方を考えるのが"自分らしく"である．アブラハム・マズローも，「自己実現をした卓越した人々に見られる最も普遍的で共通な特徴は，人生を明瞭に見る能力，人生を自分が望むようなものとしてではなく，あるがままの姿で見ることのできる能力である．彼らは自分の見解に対して，決して感情的でなく，より客観的である．さらに彼らは一種の謙遜をも持っている．彼らは他人の意見に慎重に耳を傾け，自分はすべてを知っているのではなく，他人から何かを教えてもらえるのだということを認めている．」[6]と指摘している．

"よく生きる"という価値を具体化する仕方は人それぞれである．語学の能力を生かして国際的な仕事をしている人の場合と，地方で農業に取り組み消費者に喜んでもらえる農産物を市場に出そうと努力している人の場合の比較では，それらのことを生きがいにしている心のありようと充実感でしか，その人の"よく生きる"という価値を計ることはできない．その人の心の充実感が心の豊かさにつながる．人間は社会の中で生きており，その中で自己実現が果たせた結果，あるいは自己実現に向かって努力しているプロセスの中で，周囲の人々や社会に役立ち喜んでもらえたという満足感が心の豊かさにつながる．ここでいう社会は，家族などの身近な人々の集団や職能集団，また近隣・地域社会から国際社会に至るまで，その内容や規模は様々である．人の心の豊かさや充実感においては，社会という集団の規模は問題ではない．

人は成熟するにつれて自分の目標を設定することを学び，多くの目標から選択を行なうようになる．自分に適したと思われる目標を定め，その到達に希望を持ちながら，自分の身体的・理性的な能力の可能性を目標に向かって向上させようとする．また一方で，自分自身に疑問を持ち，内省し，知性と向き合い，社会の

中で責任ある人間として完成しようと努力する．このようにして，人は真善美の価値に向かって，自分らしく"よく生きる"のである．

## 5．ケア社会の構築に向けて

　自分らしく"よく生きる"という価値を実現させる仕方が一人一人個別的であり多様であるため，ケアを提供する側も自分自身の生きる価値を追求する姿勢がないと，他の人の自分らしく生きる願望を理解することは難しい．つまるところ，人は自分を理解している以上のことを，他者において理解することは出来ない．また一方，ケアの受け手においても QOL を高めるためには自分にとってどのような援助が必要なのかを表現し，自己の責任において自分で選択し決定していくことが求められる．

　現在の日本社会の急激な変化は，私達一人一人に"いかによく生きるか"という価値を，自分らしくどのように表現すればよいかを問いかけている．健康な生活を送っている者の自己実現ばかりでなく，たとえ死ぬことがわかっていても障害や病気の苦悩や困難を克服して，その人に残された可能性に向けて直前まで精一杯生きて生を全うするというような自己実現もある．また，終末期の病人や老人が死を目前にして残された生と死を受け入れることで，感謝とともに心安らかな死を迎えるような魂の成長もある．米国の看護学者ジーン・ワトソンが言うように，ヒューマンケアという価値には，より高次元のものを希求するという魂の側面も含まれている[10]．

　現代はストレス社会であり，心の時代であるといわれる．世界でもイデオロギーの対立が終焉し，民族的，文化的背景による結合・分裂・再編が起こっている[11]．これからの時代は，心の安寧のために，文化や宗教の持つ価値が人々の生活の中でますます大きくなるであろう．また，日本においても IT（情報技術，Information Technology）革命により人々の情報伝達やコミュニケーションのあり方が変化してきており，対人関係や会話のあり方に世代間格差がみられる．特に身近な人との会話の仕方では，中高年世代のように言葉を明確に表現することよりも

表情・態度などの非言語的手段を多く用いた気配りによるコミュニケーションを大切にしてきた世代と，それとは逆に言葉を明確に文字にしてディスプレイ上に表現していくコミュニケーションの方法を日常的に行なっている若い世代がいる．このようにコミュニケーションの仕方一つをとっても急激に変化する日本社会の中で，これからの時代を心豊かに明るく生きていくためには，どの世代にも共通の価値であるその人らしく"よく生きる"ということを，自分に与えられた状況に応じて自分で考え，それを明確にし，互いの価値を尊重する態度が必要であろう．現在93歳で宗派を超えた立場で精力的に執筆・講演活動をしている松原泰道氏（臨済宗妙心寺派学部長を務めた）は，仏教の教えから次のように述べている．「最近の若い人は，社会が悪い，教育が悪い，と自分に責任を持とうとしない．自我が非常に強い．現実を真剣に見ることができなくなっている．そこを変えるには宗旨や宗派を超えて，人間としての源泉というか，基本的な思想を学校で教えるべきだと思う．それは，厳粛，敬虔，邂逅の三つです．厳粛とは，今は今しかないという観念．敬虔とは，個はそのものだけでは存在できず，必ず他との関わり合いがあって，初めて個が存在できるということ．邂逅とは，他者とではなく，真実の自分自身とのめぐり合いです（朝日新聞2000年11月7日より，『いまを生き抜く』説く）」．この松原氏の教えは，ケア社会を築くための基盤となる人間の在りようを説いている．

　成人は自己責任のもとに"自分の健康は自分で守る"というセルフケアの考え方を身につけ，さらに責任ある成人は誰しもケアの提供者として人を支えることができなければならないことを自覚する必要がある．また逆に，人間一生のうちには誰しも依存的ケアを受けることが必要な時もあり，自助や自己責任を前提とした上で，自分自身にもその時が来ることを自覚しておく必要があろう．これからのケア社会に向けて私達一人一人は，人間の心・精神・魂の自由，および選択の自由（自己決定）と自己責任についての哲学を持たねばならない．ただし自由には権利と義務が伴う．自由は無条件にあたえられるものではなく，道徳的責任に基づいた誠実さや良識が求められる．

　ミルトン・メイヤロフは，「誰かをケアするためには，私は多くのことを知る必

要がある．その人がどんな人なのか，その人の力や限界はどれくらいなのか，その人の求めていることは何か，その人の成長の助けになることはいったい何か，などを私は知らねばならない．そして，その人の要求にどのように答えるか，私自身の力と限界がどのくらいなのかを私は知らねばならない．」と述べている[5]．ケアには，心・精神・魂を持った一人の人間の尊厳を守り，人間性を保持することを目指して，倫理的・道徳的に関わるという哲学が求められる．

　現在の日本は世界で一番の長寿国となった．長い老年期を持つようになったこれからの時代の個人と家族は，定年後の生活までも視野に入れた生活設計を考えなければならない．一人一人が健康にその人らしくよく生き，与えられた生を全うするためには，人間を中心に据えた，人間を大事にする社会を作っていく必要がある．それには，一人一人が自分の生活においてセルフケアを実行し，次に自分を取り巻く人々との関わりの中で，依存的ケアを実行できて初めてそのような社会が形成される．先ずは家族や親しい人々の中での実行である．愛情に満ちた情緒的支え合いがベースにあって，その土台のうえに必要な援助を社会が行なうのであり，国の政策としてシステムが与えられただけでは真のケア社会は実現しないであろう．

　現在働いている世代のものは，後世に多大の経済的負担を残さないためにも，セルフケアの価値観を持ち，生活と健康をコントロールしていくことを心がけねばならない．これからのよりよいケア社会を築いていくために，セルフケアの考え方やその根底にある自己責任という哲学に対する啓蒙が健康教育の場で一層望まれるところである．しかしながら，人間はセルフケアのみでは生きられないため，依存的ケアが必要になった場合には，安心して必要なケアが受けられるシステムを作ることは重要である．老人問題については介護保険制度などの作業が始まったばかりであるが，地域のマンパワーや家族の関わり方も含めて，まだ国民のコンセンサスが得られているとはいいがたい状況である．ケア社会のシステムを構築していく土台として，責任ある大人一人一人が，幸福に生きるには人間として何が大切であり，何が出来るかということを考えなければならない．先のジョン・エックルス[8]は，利己主義に対比する利他主義について記しており，真に相手

のことを思いやる気持ちから生じた行為の大切さを説いている.「善良な人々の日常的な社会生活は利他的な行為の連続であって,利己主義は退けられている.」とも言っている.また,この利他主義という価値観は,人間の文化的な進化を経て形作られた価値であり,人間が道徳の教育の中で学んできたものであることを指摘している.さらに,利他主義を根底で支えるものは愛であり,愛の完全に支配する社会は現実には達成できない理想の一つであるが,しかしその理想に向かって前進する力が人間には与えられているのであり,それはとりわけ家庭において明らかになるといっている.愛情に満ちた家庭に育った子どもは,幸福を家の外の人間とも分かち合おうとするようになると述べている.愛情に満ちた環境が,人間の情緒的発達には不可欠であることは,英国の看護学者ジェネヴェブ・バートンが心理学者の見解や事例をまとめた著書でも触れている[12].また,米国の心理学者エリク・エリクソンは,「健康なパーソナリティをもった子どもに育てるためには,親は本物の環境の中で本物の人間にならねばならない.」と言っており,現代のように急速に変化する環境の中で"本物の環境"というのは難しい課題であるだけに"本物の人間"すなわち"よく生きる"ことの哲学が一層重要になると考える.家庭の子育ての問題は,結局老人問題に帰結する一連の親子関係である.現代の日本人は,家族・夫婦・親子という社会の原点となる個人と集団において,自己と他者との関わりをよく見つめ,謙虚に"よく生きる"ことへの問いかけをしなければならない[13].

健康は人の生きる目的ではなく手段である.人生の目的(生きがい)を達成するためには,その人の目的と健康との駆け引きの結果,その人の設定する健康レベルが異なってくることがある.健康の考え方には,"身体的・精神的に障害がなく社会的にも満たされた状態である"という考え方があるが,一方たとえ体の不調や身体の障害をもっていても,今の仕事や生活に生きがいや充実感があふれ,今を生きることに意味を見出して生活している場合には,その人にとっては"よく生きている"といえる.たとえ身体に不調があっても,今を精一杯生きている充実感や幸福感が,魂の安寧をもたらすような健康もある.

自分なりの生きがいや幸福感を見出すためには,絶えず自分を見つめ,在るが

ままの自分を受け入れなければならない．人間は他者の中で相互に依存して生きているため，時として自分と深い関わりがある他者のために，自らを投げうって打ち込む必要に迫られることもある．利他の精神である．また，人間は"なるべくなる人間"になる可能性を持っており，自己の魂が真善美という絶対的な価値に向かって成長しつづける存在である．

　一人一人が自立の精神で，互いの尊厳を認め，利他的精神で互いを思いやり，その結果お互いの心理的成長をもたらすようなケア社会を作っていくことが，すぐに完全なユートピアを実現するとは思わない．むしろ，一人一人にとっては，自己と向き合う厳しい難しい生き方であろう．しかしながら，科学技術の進歩の恩恵を受け，物質的に豊かな生活が可能になった現代の日本は，物質の豊かさだけでは解決できない多くの問題を抱え，精神文化の荒廃から生じる生き詰まりを感じる岐路に立たされている．現在の日本の中で，少しでも理想的なケア社会を作っていくには，私達が今ここで大きく価値を転換させる必要がある．

　また，他者をケアする行為は，他者を健康で平安な生活に導くばかりでなく，自分の成長を求める魂にとっても大切な行為である．他者をケアする行為が自己の精神・魂の成長につながることを，これからの時代を生きる人の価値として持つことが，明るい社会を作るためには大切である．

　フランス人で米国の医学者ルネ・デュボス（René Dubos）が著書[14]の中で記しているように，「人間は人間の生活を身体的にも知的にもまた道徳的にも絶えず前方に向かって，上に向かって，苦闘して動いてきた」との言葉のように，人間は価値あるものに向かって前進する存在である．またアブラハム・マズローの「人間の哲学が変わるとき，あらゆるものが変わる」[6]という言葉が表しているように，先ず私達がケア社会を作ることに価値を見いだすことが大切である．互いの尊厳と思いやりの心で，人間を大事にすることを，家族を中心とする身近な人々との関係から始め，自分の力が及ぶ範囲でその輪を広げていくことが望まれる．それによって，自ずと私達を取り巻く世界は，現在のような精神性が希薄で物質文化のみが優先し荒廃した状況から抜け出すことができるであろう．科学技術の進歩により得られた物質文化を大切にしながら，人間愛に基づく利他主義を実践

する一人一人の努力によって，ケア社会という新たな文明を築いていくことができるであろう．

［井上　範江］

**文　献**
1) 竹本泰一郎，齋藤　寛編：公衆衛生学　第3版．講談社，1999．
2) ドロセア・E・オレム（小野寺杜紀訳）：オレム看護論―看護実践における基本概念　第3版．医学書院，1995．
3) 国分康孝：自立の心理学．講談社現代新書，1997．
4) 北山　修編：日本語臨床3,「甘え」について考える．星和書店，1999．
5) ミルトン・メイヤロフ（田村真，向野宣之訳）：ケアの本質―生きることの意味．ゆみる出版，2000．
6) フランク・ゴーグル(小口忠彦監訳)：マズローの心理学．産能大学出版部刊，1993．
7) 松原泰道：道元．アートディズ，2000．
8) ジョン・エックルス，ダニエル・ロビンソン(大村裕，山河宏，雨宮一郎訳)：心は脳を越える―人間存在の不思議．紀伊国屋書店，1997．
9) エリク・エリクソン（小此木啓吾訳編）：自我同一性―アイデンティティとライフ・サイクル．誠信書房，1992．
10) ジーン・ワトソン（稲岡文昭，稲岡光子訳）：ワトソン看護論―人間科学とヒューマンケア．医学書院，1995．
11) サミュエル・ハンチントン（鈴木主税訳）：文明の衝突．集英社，1998．
12) ジェネヴェブ・バートン（大塚寛子，武山満智子訳）：ナースと患者―人間関係の影響．医学書院，1999．
13) マークス・寿子：ふにゃふにゃになった日本人．草思社，2000．
14) ルネ・デュポス（田多井吉之介訳）：健康という幻想―医学の生物的変化．紀伊国屋書店，1971．

# 7章 ケア社会と働く人々の環境

　周知の如く日本の平均寿命は上昇の一途を辿っており，平成12年3月の厚生省発表の人口動態統計によると，男性73歳，女性80歳に達している．年齢階級別人口構造を眺めると，さらに特殊再生産率は低下しつつあるために，人口構造には高齢層に偏った傾向が顕著に示されてきていることが示されている．このような寿命の延長現象は，近未来に向かって人口構造の本質的な変化をもたらす結果となってくるであろう．労働人口に関して最も大きな問題としては，日本の労働史上においてこれまで変わらなかった終身雇用の傾向が，顕著に変化を見せてきていることである．世界経済の変動を反映し，先進国の動きに相応し，雇用のパターンが相対的に能力主義を重視する気配を感じさせられる．

　このような傾向は，日本の労働構造のうちでは中・高齢者群に対しての従来までの伝統的な配慮の上に加わってきており，生理学的に能力の頂点を通過してしまっている高齢者群にとっては，特に，平均寿命の延長と併せて大きな負荷として加わってきていると考えられる．

　さらに，最近の日本経済の停滞は，流通の遅延が生産性の低下傾向として現れており，その事態が，さらに高齢者群の就労状態を悪化させていることも事実であろう．このような相対的に停滞した諸条件下でのこれからの中高年者の労働の質と量をふまえた形で，どのような働的な形態が最も適切であるかについては具体的には検討が十分でないように伺える．本稿では，生理人類学的観点から，望ましい中・高齢者労働のあるべき姿を，それらの群が当然享受可能な福祉面と関連した形で検討し，分析を加えたい．

## 1. 労働年齢の延長によって起こる変化

### 1) 既存の定年制度が労働者に与える影響
　労働者個人が中高年齢に達すると，以後の自己の老齢期の生活設計について誰もが考えを巡らすことになる．この場合に将来設計を立てるに当たっての根拠として考慮するものはまず受給年金である．しかしながら，年金制度そのものは，財源の拠出母体となる若年層の絶対数の減少により，収支均衡が保てず財源が下降推移している．そのため，年金制度は漸次改訂され，将来的には多くが期待出来ないような状態に至ることが予測される．このような推定は，将来における年金受給対象者群にとって，非常に大きな不安材料となることは疑いもない事実であろう．このような不安は，代償的には労働延長に向かっての願望として表現される場合もあろうが，一方では内的にうつ状態の要素にもなりかねない．一方には寿命の延長とともに増加してくる生活習慣病を主体とする各種の疾病罹患に対する不安感なども，うつ状態を促進する要素となるであろうと考えられる．

### 2) 高齢者の労働意欲と生理学的変化
　高齢者の労働志向は，個人としての健康状態が良好な場合には，特に願望が強いものがある．過去数十年に渡って経験してきた自己の専門職と，それに伴う熟練度は，個人の自信を強化するものであるが，一方企業における定年制度は，そのような勤労意欲を低下させる部分として働いていることも事実であろう．しかしながら，個人の水準においては，高齢者としての身体の生理的変化が暦年齢に付随せず，割合顕著に進行してくる事例もあり，このような場合には，意欲だけを有していても，身体的な活動性が各個人の意欲に随伴しない状況も考えられる．このような場合には思考だけが先行し，身体的な条件がそれに付随しないと言う矛盾した状態が発生し，当該の個人に関しては，その狭間で精神的な不安を生じるような部分もあろうと推察される．

## 2．現代社会において要求される高齢者労働の質と量

　現代の労働内容は，過去の状態とは全く変化しており，情報科学の導入，進歩により，産業自体が情報科学（IT，Information Technology）の要素を取り込むことが必須となって来ている．したがって，年齢のいかんにかかわらず現在ではITに関する知識と実行性が要求されている．一方，現業あるいはサービス業領域に関してはITとの関連が相対的に少ない部分もあるが，いずれにせよ高齢者群では，ITが必要な職種に関しては，身体的に取り組むことの出来ない人達もあり，このような群では，高齢者雇用の一環としての年齢延長下での就業が不可能になってきている部分もある．自営業の場合であっても，年齢に関連なく同様な状況は想定され，趨勢としては，このように高齢者群にとっても情報科学の取り込みは全く必要になってきているので，考え方の変革を要求される結果を生じている．しかしながら，生涯を通じて受けてきた基礎教育ならびに専門教育は，要素としては新しい情報化社会への変化に適応しない部分があり，高齢者労働の直面している大きな問題である．

## 3．身体面

　加齢に伴う生理的な変化は個人差が多く認められるが，身体機能に関しての水準の低下は経年齢的には避けて通れない事実である．一方，加齢に伴う生活習慣病の発症の頻度は着実に増加傾向がみられ，特に発がんに関しては65歳を中心とした年齢層が最も大きな年齢集団となっている．高齢者群における就労は，このような危険度も加味した形での労働形態が取られる形となり，さらに，生活習慣病あるいは悪性腫瘍の発生の可能性は，各個人の水準での過去より経過した食習慣を含む生活スタイルや環境による素因が大きく影響している．過去においては，将来の高齢者群を対象とした予防を含めた健康管理体制は十分に機能しておらず，実際にどの程度の保健教育が施行されたのか，また，そのようなケアを実行

された高齢者予備群に対する効果に関しての評価の情報は少ない．

現実には，実際に保健教育が普及している事実が存在しても，その実際の効果に関しては個人の水準での差が大きく影響してくる．これは個々の健康意識の内容の程度や，実際に労働に従事している傍らで，積極的に自己の健康管理活動を行なうかどうかであろう．専門職の立場からは，常時，特に高齢者群に対する健康教育の効果については，多くの問題があると考えている．したがって，高齢者労働の身体的問題点としては，個々の水準での生理的な機能の相対的な衰退状況と，加齢に伴う疾病発生が労働に及ぼす影響とをいかに補佐できるかが今後の直面する問題であり，実際面での早急な対処が望まれる．

## 4．精神面

高齢者労働の精神保健管理面に関しては，身体的な要素と同様に，神経生理系の衰退傾向は不可避な状態であることは間違いない．この衰退傾向は加齢による脈管系の硬化現象とも関連し，脳細胞の衰退を伴った結果として現れてくる．全体としては中枢神経系全般の機能衰退として生じてくるので，神経生理面でも記憶活動の減衰をきたし，老人性痴呆の出現や老人性精神病の発症が生じる場合もある．さらには，加齢に伴うアルツハイマー病の罹患や，パーキンソン病の発症の可能性もあり，この場合には就労の継続が不可能となる．このような状況が人的資源を量的面より眺めた際の高齢者労働の大きな特性であろう．

しかしながら，このような神経系の加齢に伴う生理的な変化や疾病の発症はあくまで個人の水準では差が認められ，加齢が進行すればするほど，個人差は大きくなってくるのも事実である．

共同作業環境においては全体としての作業の方向性が定められている関係上，個々の高齢者群で作業に従事している人たちの機能差，能力差は著明に示されない場合もあるが，その反面，若年者層との共通した作業などでは，全体としての遂行水準を低下せしめる場合も考えられる．一方，高齢者群の作業内容のうち，創造性や独創性を伴う作業に関しては，個々の高齢者群の能力が如実に示される

場合が多いので，年齢の進行に関わらず満足する作業結果を得られる場合も往々にして認められる．内容や時間的な制限がない，いわゆる創造性作業においては，特に芸術家の仕事などでは，年齢の進行に関係なく創造性に富んだ結果を得ている事は驚嘆に値する．このような状況は単に機能生理学あるいは精神身体生理学面での予測を越える何かが存在するのであろう．

## 5．理想的な高齢者労働の環境設定

高齢者の作業環境の設定に関しては，まず高齢者に対するアメニティーを含めた考慮が必要である．たとえば，作業に関連する全ての導線一つ取り上げてみても，アクセスしやすい労働作業環境が必要であろう．まず居住根拠地と作業・活動領域との近接が原則として必要であろう．長時間にわたる通勤に所要するエネルギーは，特に高齢者群では作業効率の低下として如実に現れてくる．このような部分の対処は雇用側，被雇用側が協議の上で相互に配慮を加える必要があろう．また，作業時間の配分に対しても若年労働者群と同等な時間配分は，高齢者群にとっては生理的に許容範囲を超えた状態が多くの場合に想定されるので，このような部分に対しても配慮を加えるべきであろう．作業間における休憩時間の取り方も同様の考え方が成り立ち，疲労の回復の度合いも若年労働者群に比べ遅延しがちであるので，それらの部分も考慮の対象となる．

## 6．高齢者労働に対する介助

### 1）保健医療面

他の年齢層に比べ疾病発生の頻度が増加するので，健康管理の強化対応が必要になってくる．労働安全衛生法で定められている定期健診は，ほとんどの企業では実際に施行しているが，零細企業や自営業になると，被雇用者の健康意識の問題もあって仲々受診を実行せず，一旦身体症状が出現して初めて受診するという傾向も見受けられるので，地域健診あるいは産業定期健診の機会を利用すること

表 7-1 業種別定期健康診断実施結果（労働省統計資料）

| 項目 | 業種 | 平成5年 | 平成7年 | 平成9年 | 平成11年 |
|---|---|---|---|---|---|
| 健診実施事業所数 | 製造業 | 31,906 | 32,166 | 32,982 | 33,188 |
| | 鉱業 | 141 | 130 | 139 | 122 |
| | 建設業 | 3,583 | 3,906 | 4,228 | 4,731 |
| | 運輸交通業 | 6,440 | 6,785 | 7,065 | 7,483 |
| | 農林畜産・その他 | 71,922 | 75,534 | 80,288 | 86,541 |
| 受診者数 | 製造業 | 5,445,285 | 5,305,382 | 5,177,413 | 4,846,844 |
| | 鉱業 | 15,814 | 10,414 | 10,676 | 9,010 |
| | 建設業 | 390,676 | 417,725 | 447,707 | 466,132 |
| | 運輸交通業 | 771,460 | 794,318 | 806,520 | 738,136 |
| | 農林畜産・その他 | 11,187,605 | 11,331,900 | 11,549,676 | 11,426,033 |
| 有所見人数 | 製造業 | 1,859,450 | 1937,267 | 2,079,943 | 2,087,321 |
| | 鉱業 | 6,278 | 4,881 | 6,259 | 5,283 |
| | 建設業 | 169,690 | 192,476 | 213,109 | 233,482 |
| | 運輸交通業 | 304,158 | 355,670 | 364,493 | 368,303 |
| | 農林畜産・その他 | 3,762,451 | 4,124,407 | 4,567,081 | 4,901,172 |
| 有所見率（％） | 製造業 | 34.2 | 36.5 | 40.2 | 43.1 |
| | 鉱業 | 39.7 | 46.9 | 58.6 | 58.6 |
| | 建設業 | 43.4 | 46.1 | 47.6 | 50.1 |
| | 運輸交通業 | 39.4 | 42.3 | 45.2 | 46.2 |
| | 農林畜産・その他 | 33.6 | 36.4 | 39.5 | 42.9 |

をさらに徹底させる必要がある．

わが国における対象事業所並びに従業員数を対象とした定期健診受診率の把握は困難であるが，表7-1に示した業種別の定期健康診断実施結果の推移では，有所見率は増加傾向が認められている．したがって，疾病予防教育，産業保健教育に関しても多くの機会を労働高齢者群に対して提供出来るような状況を設定する努力も必要であろう．

2）社会環境面

高齢者労働の一つの問題点は他の年齢層からの社会的な疎遠がある．家族構成の中で二世代目が既に独立して，別に生活根拠のある場合や，各種の原因で伴侶が存在していない状態においては，生活環境の中での自制能力が欠如してくる状

態も考えられる．このような状態に立ち至った時点での対処をいかにするかが大きな問題であろう．高齢者の業務上での人間関係とは別な時点での，他の社会集団への個人単位での接触や，それらに対する接点が必要となってくるであろうし，またそのような環境を設定する必要があろう．日本の場合は事例としてはあまり多くはないが，収入維持での高齢者労働に従事する傍らに，過去に蓄積された専門性を社会に還元する形での各種のボランティア活動も，終局的には高齢者労働に貢献する部分があるように思われる．高齢者群では，介助の提供側と，介助される側とでは，生理的な活動能力の差のみであり，このような余裕を持ち，かつ実行可能な能力を有することは個人の水準としては望ましい傾向である．

## 7．高齢者労働の作業管理ならびに作業環境管理

### 1）作業管理

　高齢者労働の作業管理に関して，根本的に必要な部分は生理年齢に応じた作業条件の設定である．また，高齢者特有の作業に対する配慮も必要となってくる．この場合，若年労働者群に比較して労働条件の上では，きめの細かい配慮が必要となってくる．例えば，長時間継続労働に対する配慮や，集中力減退状態に対する配慮，すなわち休憩の挿入等の具体的な措置，あるいは作業中における突発事故の出現の可能性に対する安全を含めた事前予防設定などが考えられる．

### 2）作業環境管理

　高齢者労働の作業環境設定は若年者の場合と異なり，急性疾病発生の可能性を加味した危険予測の上に安全面を含めたものを考えなければならない．考慮すべき主たるものとしては，以下のような状況が考えられる．
　①高所作業
　主としてその安全面からどのような年齢層に対しても，作業位置，作業姿勢の安全性が求められるために，十分な対策がとられるが，高齢者に関してはそれに付け加え作業の不安定性が考えられるので，相対的に安全性のある部分において

も，例えば足場の強化や命綱の設定確認などが加わってくる．少しでも問題のある高齢者に対しては，高所作業は実際の作業現場としては不適切であろう．

②異常圧作業

高齢者にとっては急性の循環器系障害を起こす可能性が高くなる．対象となる作業内容と作業高齢者の個々の健康管理面によって危険度の低下を計ることが必要である．外見上健康であっても，心臓血管系障害を有している高齢者群に関しては，異常圧作業，特に高圧下作業現場は適切な作業環境ではない．

③重量物運搬

最近では若年層に至るまで腰痛や椎間板ヘルニア等の障害を引き起こしている事例が観察されている．この原因としては，若年層の基礎的な体力や筋力の衰退に由来する部分も多い．一方，加齢による骨代謝に関しては，カルシウムの排泄の促進が進行しており，特に高齢女性ではその傾向が著明である．したがって，この部分でも急激な体位変換や加速度を伴う作業を避けるというような配慮が必要となってくる．

④短時間で判断能力の要求される作業

加齢に伴って，視覚，聴覚を経由しての判断速度が遅延してくることは周知の事実である．高度の即時判断の必要な作業に関しては，作業に従事する高齢者の判断能力に関する評定を加え，無理のない状態の作業環境設定が必要である．例としては運転能力であり，視神経，中枢神経系から筋肉作業までの伝達時間が加齢に従って延長してくるので，職業的運転免許証の交付に際しては，このような加齢に伴う生理学的評価が加味されている．

⑤隧道内作業

最近ではだいぶ改善されてきているが，作業環境温度，湿度ならびに粉塵の問題が伴ってくる．特に深層作業に際しては，事故や急性疾病発生時の際の緊急救出の問題があり，基本となる健康診断の実施は必須である．

⑥密閉環境での作業

高齢層によくありがちな呼吸器系機能の低下があると，特に心肺機能の不全を起こすこともあるので注意が必要である．

## 8．増加する疾病との対応

　加齢に伴って生活習慣病の発症の頻度は増加してくることは衆知の事実である．生活習慣病の場合は単一疾患の発症のみではなく，肥満を出発点とした糖尿病発生のように，重複して症状・疾病が出現する場合もある．したがって，これらの状況への対応は総括的な予防対策が必要である．高血圧症の多くは本態性高血圧症であり，管理努力にもかかわらず加齢によって増悪がみられる場合もある．したがって，就労中に起こり得る問題としては脳梗塞や脳出血，そして虚血性心疾患等の急性発症が考えられよう．血圧の上昇を阻止するためには，もちろん個人水準での高血圧管理は必要であるが，雇用者側から配慮すべき部分としては，作業負荷の軽減であろう．事故の発生の可能性が低いと思われる業務に関しては，ある程度の猶予があろうが，やはり本質的な問題としては，薬剤服用などによる状態の安定を確認した後に適正就業を考える必要がある．

　糖尿病の場合には，一番問題となるのは血糖値の推移による一般状態の変化であり，長期にわたる糖尿病患者で治療中のものにとっては，抗糖尿病薬の内服やインスリンによるコントロールで安定した状態がほとんどであるが，希には就業中に起こる高血糖発作や，低血糖発作の可能性も否定できず，業務中に起こると，仕事自体に支障をきたすばかりではなく，現場の場合は事故の原因になりかねない．そのような部分からも，治療中の高齢者群に対する適切な糖尿病管理は常時必要である．

　高齢者群での肥満状態は，他の正常体重群に比べると疾病発生の可能性は相対的に高く，作業の適正な遂行を期待する場合には，作業管理上からも減量を心がけることが必要となってくる．極度の肥満状態の場合には，作業動作が緩慢となってくるので，このような状態に加齢による生理的な変化が加われば，やはり作業の遂行に支障が生じよう．しかしながら，肥満に対する保健管理，指導教育は年齢層を問わず効果が低いのが実態で，保健教育上での大きい問題の一つである．

　高齢者に関しては虚血性心疾患や脳血管疾患は，正常血圧状態においても発生

する可能性があり，就労に際して大きな関係を有している．心筋梗塞や脳梗塞，脳出血は広範囲な障害をうければごく短時間のうちに意識喪失や呼吸障害が起こる可能性があり，作業の遂行が不能に至るのみならず，大きな事故発生の可能性も生じてくる．したがって，高齢者群の作業環境の設定に際しては，このような部分は十分な事前対応の必要があろう．高齢者では自己による健康管理が十分可能になるような状況の設定が管理者側からも必要である．

## 9．地域社会，産業社会における高齢者労働に対する支持

### 1）地域社会からの貢献

　地域社会からの高齢者労働の展開としては，高齢者による労働力の提供がある．高齢者労働に関しての雇用の促進ならびに推進は，地域における産業領域の盛衰のいかんによる．地域の活性化を計画する場合，その地域に居住する大きな割合を占める高齢者を労働資源として活用を考えるのも振興策の一つである．また，高齢者もこのような要求に対して具体的に対応し，各種の事業に参画することにより自らの活性を得られるであろう．地域における公共事業等に関しては，一定の割合で，高齢者を含む労働資源に対する公共予算からの提供を考えることによって，地域の活性化に貢献する部分が十分あると思われる．いずれにせよ，高齢者労働に対する地域協力は必然の部分があると考える．

### 2）産業社会からの貢献

　最近多く主張されているのが，いわゆる定年延長である．企業によってはいったんは退職の形で扱うが，嘱託としての再雇用で起用し，個人の有している専門職としての特性を活用するという形の形態が増加してきているのは事実である．しかしながら，一方では経済の不況による企業の合理化も進められており，若年層を含めた年齢層にまでが整理の対象となってきている状況もある．このような条件下での高齢者雇用の実態は，甚だ厳しいものがあるが，高齢者労働における個々の専門性の採択には，企業側の意向が強い部分はある．産業社会においても

一般的には，このような高齢者労働の活用が増加してきていることも事実である．

高齢者雇用の延長は，被雇用者側からは産業社会に対しての期待を増加させる結果となり，労働意欲の促進に通じる部分もある．高齢者にとっては産業社会の中での交流の保持が可能となり，生涯を通じて社会的な満足度が充足されるであろうと思われる．いずれにせよ高齢者労働に対して産業社会の包括的な支持は望ましい傾向であることは間違いない．

## 10. 労働福祉事業団の活動

厚生労働省の外郭団体である労働福祉事業団は，広範囲な活動を行なっている．大きな事業としては全国の労災病院の運営ならびに産業医科大学に対する経営参画があり，また，労働災害補償などにも関連している．さらに，各地域に設置されている産業保健推進センターの運用にも関与している．一方，労働関連の福祉事業も多面的に手がけており，さらに高齢者雇用の促進は事業団の大きい事業計画並びに管理の範疇にある．

## 11. 高齢者労働の国際的発展

わが国の労働市場の特徴は，経済的な停滞状態が起きた時期までは若年層の労働市場への加入が積極的であったので，企業における労働人口の平均年齢は横這いであったが，経済の停滞時期以後は，平均年齢の上昇がやや著明になってきている．この理由は新しい雇用が停滞していることであり，さらに企業全体の問題として雇用量が相対的に減少してきている傾向がある．したがって，個人水準においては生涯における企業勤務期間の減少が認められている．

厚生労働省としては，一般に設定されている60歳あるいは65歳における定年制度に関して，延長の方向を考えているが，実際には定年に達していない労働者の離職傾向は増加してきており，その時点でも労働能力のある定年離職者に関しては二次職場への就労が一般的になってきている．

この場合，定年時期までの長期間の勤務の結果は，経験として，あるいは専門技術の集積として残っているので，海外市場を対象としての就職も増加してきている．定年年齢を経過した後の国外での就職のパターンには大きく二つに分けられる．一つは，商業的な雇用でなく今までの専門性を生かした日本の技術の提供，あるいは指導という形で無報酬またはそれに近い部分での労働力提供がある．代表的なものは，NGO関連の団体を経由しての外地での専門性を生かした技術の提供や教育である．一方，報酬を伴う労働としては政府を含む日本の組織に属した形での海外派遣であり，この場合は母団体との間に期間を限定した労働契約を締結し，その労働条件に従った形で専門技術を提供している．また，特殊な事例としては対象国の企業あるいは政府，公共団体からの業務の提供によって海外での就労を行なっている場合もある．

　高齢者が海外において労働提供を行なう場合，一番大きな問題点としては健康管理ならびに医療保障の部分である．海外における就労の場合には，契約の条件として通常は医療保険が含まれているので，特に先進国が対象となる場合には，全く問題がないが，開発途上国や低開発国においては，個人水準での保健医療管理が十分に対応できない場合が多く，実際に不健康状態が派生したときの対処が問題である．概して開発途上国では民力水準の低い部分もあり，このような状況では保健医療水準も十分ではない状況が存在する．外来診療の内容，処方薬品の非潤沢さ，高度検査設備の欠如，医療資材の不足など問題を挙げれば限りがない．このような状況での就労は，国内と比較した場合には条件が揃っておらず，問題の解決には個人水準での努力が必要となってくる．しかしながら，このような保健医療の問題点を除けば，高齢者層の海外職場での就労の機会は，日本全体の雇用との関連では日本の労働国際化をふまえて今後の問題としては促進すべきであろうと考える．

　一方，労働環境と福祉をふまえた見地での国際的な労働環境は，日本における外国人労働者の場合も含めて考慮が必要である．現在の日本経済の将来的な推移を考えると，まず日本の労働人口の絶対的な減少が予測されており，日本経済の水準を良好に保っていくためには，外国人労働力の導入は避けて通れない問題で

ある.専門家による日本人口の推移予測では最低6,000万人までの減少が見込まれ,労働力の補填としては,外国人労働者層に依存しなければならない事態は将来的には必然となる.長期にわたっての外国人労働者の就労の結果は,現在のドイツにおける状況が如実に示しているが,日本の場合にも家族のケアと老齢化の問題がある.もし外国人労働者が長期にわたって日本において労働力を提供した場合には,老齢化に伴い,福祉面を含めてのケアが必要となってくる.実際には外国人労働者が日本において就労許可を取得することは,専門職を除いては,国内での関係者等による保証がない場合には困難であるので,全体の数としては限られているが,法に基づいた就労であり,長期の実績があれば,一般の日本人就労者と同等の福祉提供が必要であろう.この場合の問題点は,生活習慣の違いからくる医療に対する考え方の相違があり,外国人労働者のうちの高齢者に対する施策は,今後の大きな問題として対処が必要であろう.

## 12. 労働福祉面からみた高齢者労働への対応

中高年者労働を福祉面から眺めた場合,多くの部分は厚生労働省行政に関連した事項が多い.中高齢者の就労に関しては,多くの法律を含む通達事項が発令されているが,労働衛生面ならびに労働安全面が主なものである.年齢層にかかわらず就業に関連して職場健康管理の目的で,定期健診,特殊健診が設定されており,就労者は受診義務が課されている.また,安全衛生教育も広範囲に実施が義務づけられており,年間での労働安全週間,労働衛生週間なども設定されており,各々の習慣には各種の行事が催されている.

職業病の発生や労働事故の発生は年々減少傾向が示されてはいる.労働安全・衛生管理面では,特に中高年労働者群に対しては加齢に対する配慮が加味されている.統計的には若年者労働者群に比べ相対的に職業病発生や,事故の発生が多い事実もあるので,事後措置を含めて対策面では慎重な配慮がなされている.

福祉から眺めた高齢者労働の問題点としては,就労期間中に職業病が発生をした事例や,労働業務上の事故が発生した事例に対して,完全な回復が就業期間中

に得られなかった場合の対処の方法である．労働事故由来の恒久的な後遺症に関しては労働災害保険による保障が生涯にわたり認められるが，職業病由来の場合は判断が複雑である．

　労働安全衛生面では過去において使用していた物質のうち，明らかに発がん性や変異原性の認められたものについては，事実関係が明らかになると法律上で使用禁止が発令されているが，発令以前の発症に関しても，公共的な保障が設定されている場合もある．また，企業側の責任分担もあるので，そのような事例に関しては，いったん退職した後でも有害物質由来で発生する可能性のある職業病，これは極く低率であるが，予防の目的で定期的に健診を実施している例もある．

　高齢者労働に関して福祉が対応する面は，主として事業所からの定年退職後の事例が対象となるが，保健管理面において過去における就労の健康影響を良好に保つようにすることが大きな目的の一つである．企業によっては福祉厚生施設の利用を退職者に対しても提供しているところもあり，また，厚生年金基金や各種の共済基金機関は，年金支給対象者に対して，福利厚生施設の利用も提供している．いずれにせよ，福祉面では健康ですこやかな老後の保障という概念が主体であり，その目的に対して広範囲な対応が必要である．

## 13. 理想的な高齢者労働に対する提言

　加齢による生理的な変動は個人差はあるが，退化・衰退の傾向に向かうことは間違いない．高齢者に対して，このような生理的な不利益さを克服して，健康で愁いのない就労状態を設定するには，具体的にどのような方法があるであろうか．大きい柱となるのは労働環境を含めた生活設計であり，個人の水準では，どのように満足度の高いライフスタイルを設定すればよいかに尽きよう．

　まず，生活習慣病の予防が根底にある．もちろん自己評価を厳格に設定し，労働を含めた効率の良い生活管理・生活環境管理を実行することが必要であろう．生活習慣病の予防は，自己管理が中心なので，企業あるいは地域における定期健康診断の受診も大きな項目の一つである．さらには，疾病を誘発する可能性のあ

る生活行動を長期の予測を持って回避することが必要である．それには生活習慣病の発生メカニズムに関して熟知することが必要である．

　厚生労働省による平成9年度の労働者健康状況調査結果の資料では，約1,000事業所を対象として職場健康管理並びに環境に関しての状況が示されているが，図7-1に健康管理専門職の配置の状況を示した．産業医や衛生管理者の充足率は良好であるが，中小企業群では，予算の関係もあろうがその他の専門職の配置状況は概して低率である．また図7-2には健康づくりの取り組みの種類と割合を示してあるが，積極的な体力維持に向けての対策を実行している事業所群は相対的に少ないことが示された．

　喫煙行動に関しては，長期の喫煙が高齢化に向かっての健康障害の加速に通じていることを認識する必要がある．健康障害の客観的な事実のみを取り上げれば，生涯にわたって喫煙を続行しても，疫学的には肺がんの罹患率は対照群に対して全体の1/3程度の上昇しか認められていないということもある．その理由は肺がんのうちで1/3を占める扁平上皮がんのみが直接喫煙に影響していることによる．しかしながら，タバコ指数で計算した場合には，喫煙者が非喫煙者と同じリスクまで下がるためには，最近の報告では20年の年月を必要とされている．したがって，喫煙によるリスクの上昇は全体として眺めた場合には，僅少であっても，もし厳格に生活習慣病の発生予防を目的としたならば，生涯非喫煙の状態である方が危険度は確実に低いのは事実である．

　図7-3には同じ厚生労働省の調査結果のうち各種の喫煙対策を実行している事業所の比率を示したが，喫煙場所の指定は別として，積極的な喫煙対策を施行している職場の比率は，やはり概して低率を示していた．特に高齢者に対しては，産業現場では，なお一層の禁煙教育・設定に対する配慮が必要であろう．

　また，加齢に伴って血圧は漸次上昇するが，そのほとんどは本態性高血圧症であり，正常域外血圧所見が続けば治療の対象となる．そして，肥満状態や喫煙習慣は確実に高血圧状態を進行させることも証明されている．この場合も高血圧の増悪状態が進行すれば，必然的に治療の対象となる．しかしながら，肥満の状態を保持したままで降圧剤の治療を受けるということは，末梢血管抵抗を残存させ

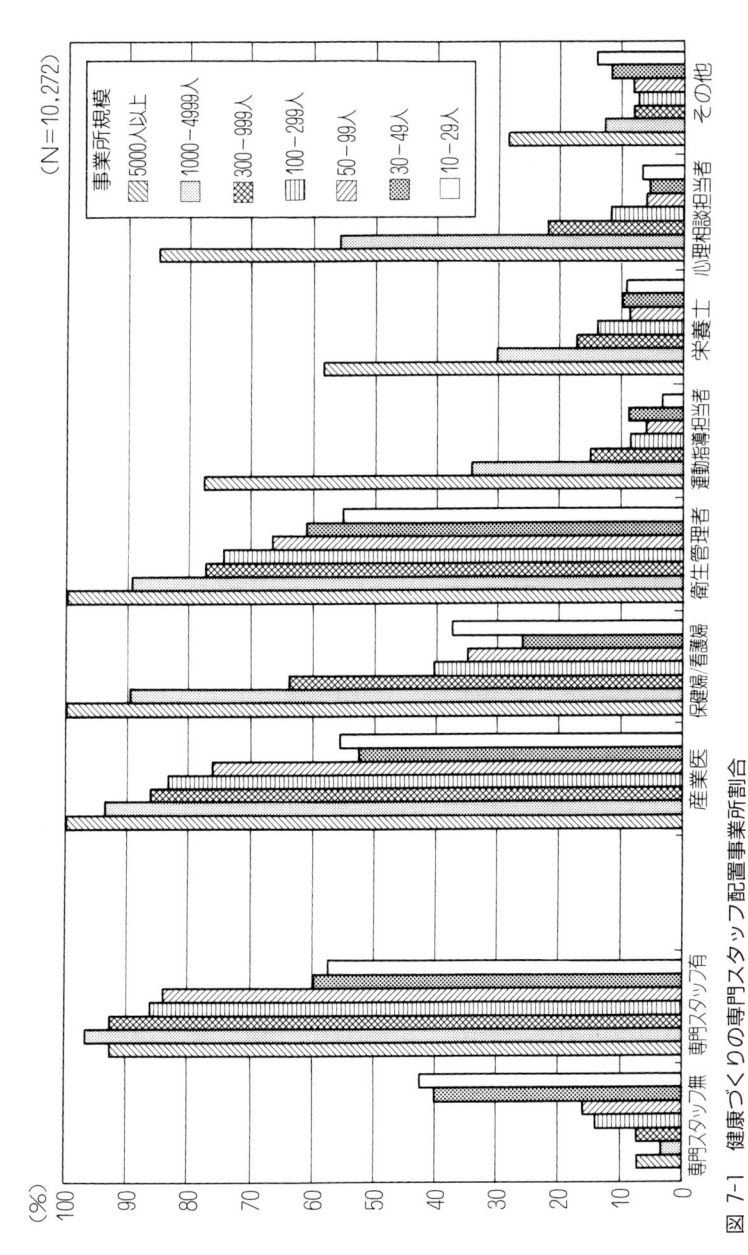

図 7-1 健康づくりの専門スタッフ配置事業所割合
(労働大臣官房制作調査部統計調査課発表資料：平成 9 年労働者健康状況調査)

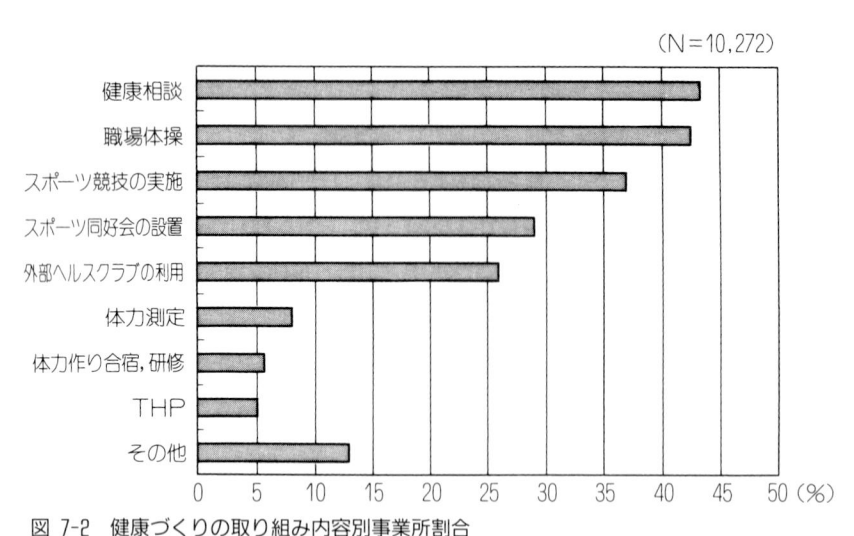

図 7-2 健康づくりの取り組み内容別事業所割合
(労働大臣官房制作調査部統計調査課発表資料:平成9年労働者健康状況調査)

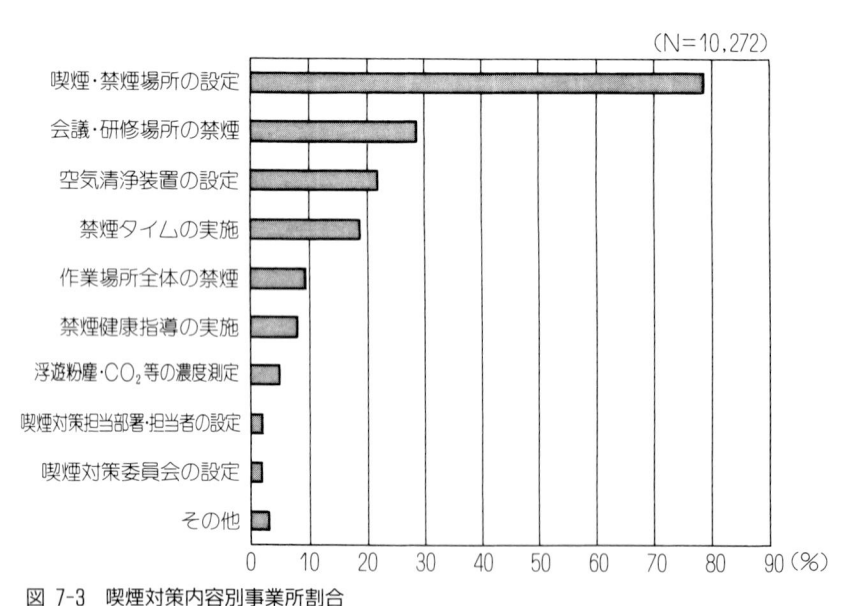

図 7-3 喫煙対策内容別事業所割合
(労働大臣官房制作調査部統計調査課発表資料:平成9年労働者健康状況調査)

たままで血管拡張剤を内服することになり不合理である．したがって，特に高齢者では，もし高血圧治療が必要のある場合には，まず肥満を問題にして，減量努力を行なうことが必要である．本態性高血圧症の場合には，遺伝傾向が強い場合には，積極的な健康管理を実施しても，高血圧状態が改善しない事態も認められる．このような事例に関しては，他の選択肢としては，降圧剤による治療が主体となってくる．降圧剤のある部分は薬理作用として精神安定作用があるものもあるので，降圧剤内服中の高齢者に関しては就労時の産業環境設定に注意が必要である．精神安定作用のある薬剤による作業集中度の低下ということがあり，作業事故に至らないような配慮が必要である．

　また，高齢者群の就労に関しては，精神衛生面での配慮も必要であり，特に統計的には60〜65歳の年齢層での老人性うつ病の頻度は相対的に高く，また，それに関連しての自殺行為もあるので，防止対策が必要である．最近の厚生労働省の発表では，年間の自殺者数は，3万人を越えて増加傾向にあり，行政面での自殺防止対策が打ち出されてきている．うつ状態は職場において周囲の人達の方が，家族が気づく以前に詳細な観察が可能である．老人性うつ状態の場合には，短絡行動の可能性もあり，十分な観察が必要である．精神関連疾病の対処は，早期に専門医師の診察の機会を得て，治療を開始すれば，一部を除いては，おおむね予後は良好である．うつ状態と精神病質とは病態が異なり，うつ状態は寛解が十分可能である．一方，精神病質は遺伝形質を持ち合わせていることもあるが，疾病管理が主体となってくる．

　前掲と同じ平成9年度の労働者健康状況調査のうち，疲労・ストレスに関しての解消項目の割合を図7-4に示した．解消法の種類は男女により多様に異なっているが，スポーツなどの積極的な疲労・ストレス解消の項目は概して低率であった．一方，男性群での飲酒，女性群での外食等は相対的に高率を示していたが，このような項目は実際の解消にどの程度貢献しているかは個人差があると考える．

　加齢による臓器障害の程度は個人差があり，一概に論ずることはできないが，まず，全体の趨勢としては少なくなってきているが，感染症の予防に注目しなけ

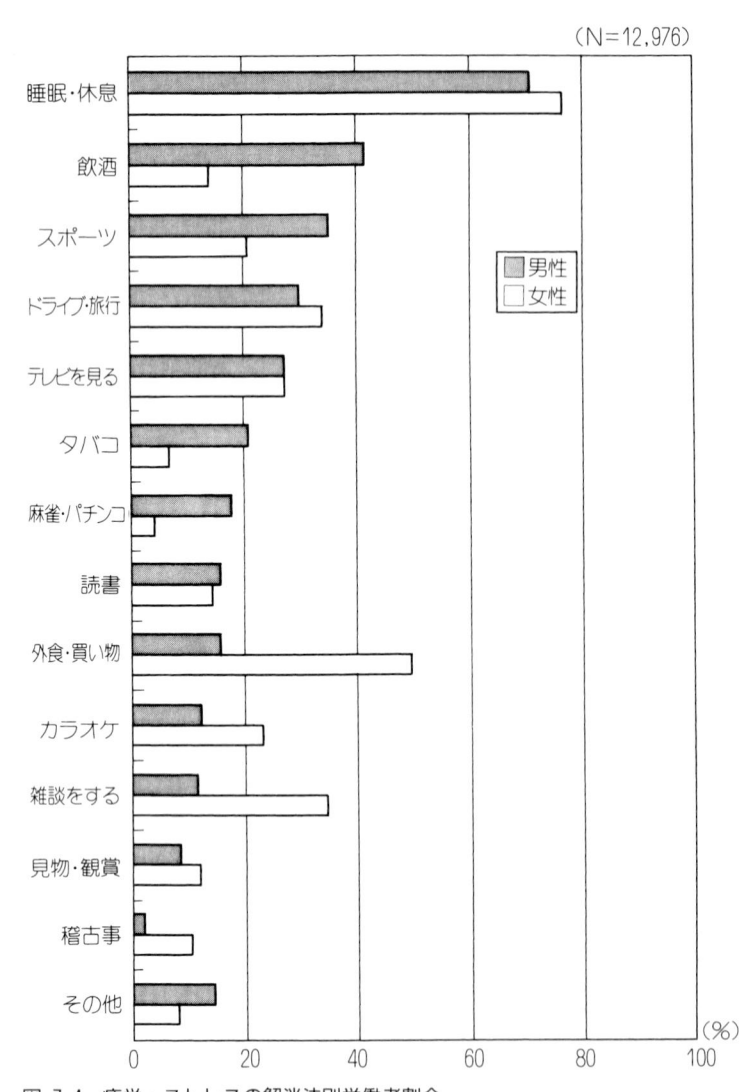

図 7-4 疲労・ストレスの解消法別労働者割合
(労働大臣官房制作調査部統計調査課発表資料:平成9年労働者健康状況調査)

ればいけない．特に中間管理職の位置にある人々は海外での就労の機会も多く，一旦国外に目を向けると，先進国を除き，公衆衛生水準はわが国のそれらに達していない部分がほとんどである．特に東南アジア，中近東，中南米，アフリカ等ではコレラ，肝炎を始めとして，マラリア，デング熱，黄熱や寄生虫疾患等の熱帯地域特有の感染症が存在し，ラッサ熱などの出血熱に至っては致命率の高いものも多い．このような感染症の一部に関してはいったん感染し，治癒した後でも病原体を無症状保菌者として体内に保持している場合もある．特に中高年者では，加齢の進行により免疫反応の低下が起こった場合に症状として出現する場合もある．また，感染症による臓器障害が一過性のものでなく，ある程度の期間が経過した後に，悪性腫瘍の形での疾病発生が見られる場合もある．例えば，B型肝炎の場合，感染後，症状が消退してもHBe抗原が長期にわたって保持されている場合には，肝硬変に移行する可能性が大きく，さらには10年単位の期間を経て肝臓がんの発生を見る可能性がある．

　したがって，高齢者層ではその時期に達する以前から，生活習慣病の予防対策と合わせて，感染症予防の対策も考慮する必要がある．生活習慣病のみならず疾病罹患後の長期予測も考えの中に入れた形での個々人のライフスタイル設計が必要であろう．そのような広範囲にわたる予防対策と関連して，高齢者の場合は生活環境に対するサポートを得ることも必要である．大企業に所属している場合は，医療施設や健康管理施設の使用，企業内の定期健診あるいは特殊健診後の専門職によるフォローを受ける機会に多く恵まれているが，中小企業や自由業の場合には，地域保健医療施設ならびに機関の利用に限られてくる．したがって，福祉を含めた高齢者に対する生活環境のサポートは当事者よりの要求に応じて対応するわけであるので，やはり，個々には健康管理・増進に向かって絶えず関心を持ち，さらに実行が必要であろう．

## 14. 個々の中高年労働に伴う機能障害

　前述したように，高齢者の労働就業環境における問題点は，まず，加齢による生理的変化を自覚的あるいは他覚的な所見を含めて総括的な自己評価を設定し，さらに周囲の環境から眺めた場合の評価を本人が掌握する必要がある．年齢の進行に従って，当事者としては逆行性健忘症や老人性痴呆の症状を自ら感じる場合も往々にしてあると思われるが，周囲の人間関係からの察知，評価も重要である．したがって，このような年齢の進行に伴う生理的な変化を産業環境あるいは地域環境で理解し取り込み，ケア社会をふまえた就業環境を設定し，高齢者に対して受容可能である場を提供することが必要であろう．以下，個々のカテゴリーにおける生理的変化に対しての考察を加える．

### 1）視力減退・消退／障害

　視力に関しては加齢の進行に従い，いわゆる老眼の状態になってくる．これは個人差があり40代の後半から視力の減退・消退は始まるが，特定の疾病を併発していない限り単純な遠視変化に留まっている．したがって，プラスジオプトリーの眼鏡矯正で視力は十分保持可能である．しかしながら，日本人に多くなってきたタイプIIの糖尿病を合併していると，時間の経過とともに糖尿病性網膜症の出現の可能性もあり，この場合には視力障害が発症してくる．また，老人性白内障は多くの人達に観察されているが，外科的手術を含めて治療は可能である．さらに各種の原因での緑内障の出現も考慮すべき問題であるので，高齢者層においては眼科領域の健康診断も不可欠であり，適当な間隔での定期的な検査が望ましい．
　イギリスの国民医療保険制度であるNHSでは眼科医による検眼・眼鏡処方ならびに眼鏡作成まで保障されているが，日本の場合は処方箋までであり，通常はいくつかの異なった種類の眼鏡を目的に応じて使い分けるまでには至っていない場合が多いが，眼鏡の着用はコンタクトレンズの使用などを含めて，就業時とその他の生活環境での目的によっての眼鏡の使い分けが望ましい．

## 2) 聴力障害

　産業健診項目の一つに聴力検査があり，1,000 Hz ならびに 4,000 Hz での両耳検査が義務づけられている．長期にわたる騒音発生職場での就業は終局的には会話領域の聴力の減退が往々にして観察される．加齢に伴い日常会話が聞きづらくなるような状態まで聴力障害が進行した場合には，精密検査で状況の把握・診断を行ない，必要に応じて補聴器の着用が望ましい．聴力低下があると，特に騒音職場においては雑音が発生している状況下での会話領域の他人の言葉は聞き取りにくい．しかしながら，現場での熟練者では機械の正常な運転による騒音の発生を聞き取ることによって機械の具合を判断するというような職人気質もあるので，通常では騒音防止の目的での耳栓を着用しない傾向も見受けられる．このような状態の継続は職業性難聴に至る危険がある．いったん難聴状態になると，就業中での機械等からの異常音発生を伴う危険状態などの把握が相対的に困難になるので，老人性難聴の症状のある就業者に対しては，現場における管理者の注意が必要である．また，聴力障害を有する高齢者が就業を継続する場合には就業に関する安全を期するためにも，補聴器の使用等を含めた難聴に対する積極的な健康管理が必要である．

## 3) 筋運動障害

　高齢者の筋運動障害は，中枢神経由来のものと，局所の神経支配の障害によるもの，さらには神経系疾病以外の疾病から二次的に派生してきたものとの大きく三つに分けられる．系統的には歩行障害，平衡維持障害などで最終的には運動調和の障害となって表現されるが，問題は就業中の筋力の維持の程度の評価である．何らかの原因によって筋運動障害が出現している場合には，その程度を客観的に査定して，無理のない作業量ならびに内容での範囲での就業が必要であろう．企業には一定の割合での身障者雇用が厚生労働省より義務づけられており，そのような身障者の就労に対しての作業環境整備が必要である．したがって，年齢の進行によって出現してくる高齢者の筋運動障害に関しては，特定の作業が不可能になったとしても，雇用としては継続が可能であることが考えられる．一方，就労

者側からは自己の作業能力の減退に関しては，企業側に対しての就業継続の相談，申し入れが必要である．就労を条件としてのリハビリテーションが必要な場合には，専従の治療以外に地域が準備するプログラムがある．特殊な場合としては，パーキンソン病や進行性の筋麻痺などがあるが，この場合には診断ならびに通院，あるいは入院治療が必要となってくるので，企業，個人双方での状況把握と対応が必要である．

## 4）神経障害

　加齢による中枢神経障害は多岐にわたっているが，最近の傾向としては脳血栓，脳内出血の事例が相対的に減少してきており，脳梗塞の事例が増加してきている．この理由としては食生活の変化や総合的なライフスタイルの変動による部分が大きなウエイトを占めている．一方，動脈硬化性の老人性痴呆は多少の減少傾向が見られ，アルツハイマー型の痴呆との間が等分となってきている．一般にアルツハイマー型痴呆は，割合若年層からも発症が見られ，進行性で，最終的には人格の破壊をもたらすので，進行に従って，就業が不可能になってくる．どちらのパターンであっても，結果的に思考能力の崩壊が見られるので，介助が必要となってくる．いずれにせよ，これらは系統的疾病であるので，管理さえも困難な場合が多く，事例の大部分は疾病の症状に適した介護施設での入院治療となる場合が多い．

　企業内での神経系障害の出現に対する客観的な認識は，家族よりも周囲の集団の方が早いので，問題が提起されたならば，速やかに診断，治療を含めた対処が必要である．対応の中心はやはり地域であり，地域での介助を求める場合には，基幹病院での診断，治療，施設での介護などに関しては，担当地域での行政部門の福祉担当者との連携が必要となってくる．ケア後の社会復帰に関しては，雇用している企業側も，最大の配慮を尽くす形態になりつつあるのは当然であり，これらの中高年労働者に関しては，勤務先の企業側も作業環境，就業条件等について地域行政との連携で十分な理解が必要である．

## おわりに

　近未来の日本を想定した場合に，大きく危惧する問題は人口の絶対量の減少である．さらに人口ピラミッドからも理解できるように，年齢階級別人口構成では，近未来に特に中高年者の労働に対する役割は相対的に重要になってくる．これらの中高年労働者がより良い生活環境や作業環境の元で就労することを期待したい．そのような条件を成立させるためには，ケア社会，特に福祉面でのサポートをこれらの高年齢者に対して活用して行くことが絶対に必要であると考える．このような福祉を包括した形での中高年者層の労働を有効に運用するためには，社会・人的環境を含めた根本的な整備の設定が必要であろう．

［赤松　　隆］

### 文　献

1) （財）厚生統計協会：国民衛生の動向．厚生の指標臨時増刊，47（9），2000．
2) 日本体育学会編：中高年者の体力とQOL．体育の科学，50：(11)，2000．
3) 成人病の予防と治療―遺伝飲酒と環境因子からの戦略―．臨床成人病，30：(9)，2000．
4) 田中正敏，赤松　隆，他：人類と健康．杏林書院，1999．
5) 東京都医師会編：産業医の手引き．1999．
6) 竹本泰一郎編：公衆衛生学第3版．講談社サイエンテイフィック，1999．
7) 厚生省編：厚生白書．ぎょうせい，1999．
8) 千野直一編：現代リハビリテーション医学．金原出版，1999．
9) 中村隆一編：入門リハビリテーション概論．医歯薬出版，1999．
10) 21世紀に向けての老人保健事業．公衆衛生，63：(9)，1999．
11) 生活環境化学物質と人体暴露．公衆衛生研究，47：(4)，1999．
12) 細谷憲政監：これからの高齢者の栄養管理サービス．第一出版，1998．
13) 環境保健のトピックス．公衆衛生，62：(7)，1998．
14) 和田　攻編：産業保健マニュアル第3版．南山堂，1995．
15) 日野秀逸：保健活動の歩み．医学書院，1995．
16) 日本薬剤師会編：老人保健・福祉サービスの基礎知識．薬事日報社，1994．
17) 労働力不足下の高学歴転職者と中小企業労働者の意識と行動．日本労働研究機構調査研究資料，35，1993．
18) 高齢者多数雇用企業における中高年者の職場適応．日本労働研究機構調査研究資料，15，1992．
19) 日本産業衛生学会編：産業保健．篠原出版，1985．

# 8章 働らく中高年女性の健康

## 1. 女性労働者の動態

### 1) 就業状況

　日本における女性の年齢別の労働力率をみると，30歳で離職するM型を形成している．女性の継続就職が困難な理由は，30歳代で育児が，40歳代で介護が主な理由となっている[1,2]（図8-1）．

　日本の女性労働者数は昭和50年に1,167万人であり，昭和60年には1,548万人と10年前に比し33％の増加を示している．20年後，平成7年にはこれが2,048

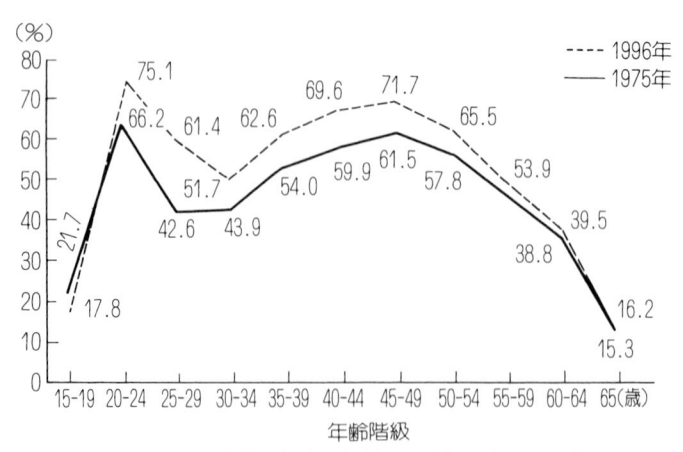

図8-1　日本における女性労働者の年齢別の労働力率（総理府：労働調査）

表 8-1 有業者数，性・年齢階級×産業別（総務庁統計局：平成 9 年就業構造基本調査）

（単位：千人）

| 産業区分 | 実数 | | | 平均年齢 | 60〜64歳 | 65歳以上 |
|---|---|---|---|---|---|---|
| | 総数 | 男性 | 女性 | | | |
| 総数 | 67,003 | 39,508 | 27,495 | 43.1 | 4,232 | 5,202 |
| 農業 | 3,276 | 1,718 | 1,559 | 59.9 | 538 | 1,462 |
| 林業 | 77 | 66 | 11 | 55.2 | 11 | 21 |
| 漁業 | 308 | 218 | 89 | 52.6 | 46 | 68 |
| 鉱業 | 44 | 38 | 6 | 46.6 | 4 | 2 |
| 建設業 | 6,867 | 5,727 | 1,141 | 43.6 | 547 | 434 |
| 製造業 | 14,452 | 9,198 | 5,255 | 42.7 | 780 | 659 |
| 電気・ガス・熱供給・水道業 | 389 | 339 | 51 | 39.9 | 8 | 5 |
| 運輸・通信業 | 4,156 | 3,407 | 749 | 42.1 | 198 | 112 |
| 卸売・小売業，飲食店 | 14,961 | 7,324 | 7,636 | 41.6 | 816 | 957 |
| 金融・保険業 | 1,975 | 996 | 979 | 39.3 | 63 | 51 |
| 不動産業 | 817 | 472 | 344 | 52.0 | 93 | 202 |
| サービス業 | 17,043 | 8,045 | 8,997 | 41.8 | 1,039 | 1,166 |
| 公務(他に分類されないもの) | 2,082 | 1,631 | 451 | 40.9 | 60 | 42 |

万人となり76%の増加を示し，平成9年にはさらに女性労働者数は2,750万人に増加し，昭和50年に比し136%の増加，前年度に比し増加率0.7%である．業種別に多いのは，男性は1位が製造業，2位がサービス業，3位が小売業，4位が建設業であり，女性では1位がサービス業，2位が小売業，3位が製造業，4位は農業となっている．産業別には，医療・介護職などのサービス業での増加率が顕著であり，前年と比較して25万人増加（前年比3.6%増）した．しかし，金融・保険業・不動産業は平成4年以降横ばいであったのが，平成8年には前年より4万人減少（同3.3%減）した．一方，不況やコンピュータの導入で影響を受けて完全失業者91万人と前年より36万人の増加で過去最高水準となった．商品管理，事務，営業などの業種は特に影響を受けている[3]（表8-1）．

女性労働者の平均勤続年数は延長する傾向にあり，平成10年の平均勤続年数は8.2年，平均年齢も37.2歳になっている．平均勤続年数10年以上の者も女性全体の3割程度になるに至った．

## 2）雇用形態

雇用者（5,499万7千人）を雇用形態別にみると，平成9年には「正規の職員・従業員」が3,854万2千人,「パート」が899万8千人,「アルバイト」が334万4千人,「嘱託など」が96万6千人,「人材派遣企業の派遣社員」が25万7千人である．平成4年と比べると,「パート」(103万1千人増)，「アルバイト」(83万人増)が大幅に増加している．「正規の職員・従業員」は全体的には増加したものの，女性は20万7千人の減少である．逆に，女性の「人材派遣企業の派遣社員」は，平成4年に比べて倍に近い増加である[3]（表8-2）．年齢による雇用形態別の状況をみると，20歳代までは「正規の職員・従業員」が7割を占めるが，30歳を超えるとパートなどの非正規労働者の割合が高まる．

## 3）新しい就業形態

在宅就労の勤務形態は，通勤の時間的コストや精神的負担を削減できるほか，自由に就業時間帯を選べるなど柔軟な勤務形態を可能にする．その75％以上を女性が占めており，かつ子どもを持つ女性が約半数を占めている．30歳代が71.6％を占め，最終学歴でみると大卒以上の割合は41.9％で多くなっている[1]．

個人やグループでSOHO（スモールオフィス・ホームオフィス）を立ち上げることが女性の間で盛んになっているが，仕事の内容はデータ入力，文書作成，ホー

表 8-2　男女雇用形態別雇用者数（総務庁：平成9年就業構造基本調査）

（単位：千人）

|  | 平成9年 | | | 平成4年との増減 | | |
|---|---|---|---|---|---|---|
|  | 総数 | 男性 | 女性 | 総数 | 男性 | 女性 |
| 雇用者 | 54,997 | 33,130 | 21,867 | 2,422 | 1,084 | 1,338 |
| 役員 | 3,850 | 2,973 | 877 | −120 | −102 | −18 |
| 正規の従業員 | 38,542 | 28,767 | 11,755 | 460 | 667 | −207 |
| パート | 8,998 | 436 | 8,562 | 1,031 | 108 | 923 |
| アルバイト | 3,344 | 1,652 | 1,692 | 830 | 360 | 460 |
| 嘱託 | 966 | 605 | 361 | 86 | 26 | 60 |
| 派遣社員 | 257 | 53 | 204 | 94 | 4 | 90 |
| その他 | 1,025 | 612 | 412 | 17 | −11 | 28 |

ムページの立ち上げ管理などが中心である．平成12年3月での671件のアンケート調査では，収入は300万円未満が70％で，500万円以上は10％にすぎない．しかし，自分のペースで働けることより，子どもや高齢者の世話をしながら仕事を続けることが可能であり，これを24％の人が就業動機の理由の1位に挙げている[4]．

## 4）女性の深夜業について

金融，運送，コンビニエンスストア等の「24時間産業」には，5,000万人雇用労働者のうち300万人が従事しているとの1993年総務庁の報告がある．その後，深夜業務従事者は増加傾向にあり，1998年には670万人となっている[5]．

平成11年4月の雇用機会均等法の発令によって，女性の深夜業に関する制限が廃止され，女性の職種は拡大された．看護職などの従来からの深夜業種の対応は比較的なされているが，製造，販売職種で女性労働者への対応には，通勤の安全，休息施設の完備，月経期間中の眠気などを含めて慎重な方策が必要である．

深夜業では疲労の蓄積が強く問題になり，過労死との関連が強く示唆されている．交代制勤務は心血管系の疾病に相当な負担を与え，心血管系疾病の発症率を20％増加させると報告されている．わが国でもタクシードライバーの不整脈の増加を含め[6]，心疾患，胃十二指腸潰瘍，神経症の発生[7]が上昇すると発表されている．

## 5）女性の就業と少子化について
### (1) 諸外国との比較

女性が継続して就業する国では出生率が低い傾向があるという考え方もあるが，育児負担の大きい25～34歳の女性の労働力率と合計特殊出生率の関係について，先進諸国の状況をみると女性の労働力率の高い国では，逆に合計特殊出生率は高くなっている（図8-2）．わが国に比べ労働力率も合計特殊出生率も高いスウェーデンなどでは，男性も含め育児休業制度が普及し，保育サービスも充実しているなど女性が仕事と育児の両立をしやすく働きやすい状況にあるため，就業は必ずしも少子化を招いていない[1]．

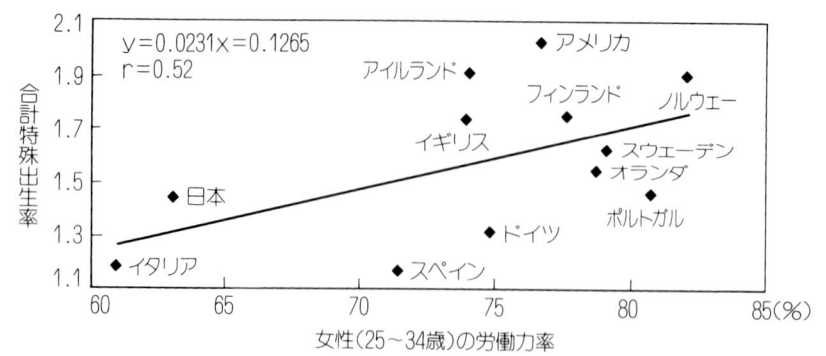

図 8-2 女性（25～34歳）の労働力率と合計特殊出生率（国際比較）
労働力率…ILO : Yearbook of Labour Statistics, 1999.
合計特殊出生率…UN : Demographic. Yearbook, 1997.
日本…厚生省：人口動態統計, 2000.

## (2) 晩婚化

平均初婚年齢の推移をみると，昭和50年には妻24.7歳，夫27.0歳であったが，平成10年には妻26.7歳，夫28.6歳まで上昇した．未婚率の推移をみると30歳代においては，昭和50年には未婚率は13%であったが，平成7年には29.7%と上昇している．働く女性の結婚制度の負担は，女性の場合「家事の負担」，「仕事と家庭を両立させるのが困難な負担」が4割近くと高い．仕事をもつ女性が増加しているにもかかわらず，女性が家庭責任を負っている状況に変化がないことから生じていると考えられる[1]．

## (3) 妻中心の家事，子育ての役割分担意識

家庭での男女の役割分担意識をみると，家事については7～8割が，子育てについては5～6割が「妻が行なう」としている．妻の就労形態により男性の意識は異なり，妻がフルタイムで働いている場合は，家事，子育てとも，「夫も妻も同じように行なう」とする者の割合が高まる．育児については，「遊び相手をする」「風呂に入れる」については半数の夫が行なっているが，「食事をさせる」「寝かしつける」「オムツを替える」「泣いた子をあやす」については，夫の半数程度がほとんど何もしていない状況にある[1]．

## 2. 女性労働者の健康状態

### 1）全国および東京都の統計

　5年毎に労働省調査部で行なわれる労働者健康調査状況報告書は16,000人を対象としている．平成9年の全国労働者の有病率をみると男性34.9%，女性25.4%で，女性の健康状態は男性よりも良いと考えられる．持病の種類は男女で異なり，リウマチ・喘息等のアレルギー疾患が女性で多く，高血圧・肝臓病・糖尿病等の生活習慣病は男性が多い[8]．しかし，何らかの自覚症状の有無で見ると女性は87.3%と男性の81.7%に比較して多くなり，目の疲れ，肩・首のこり，頭痛等は女性で多くなっている[8]（表8-3）．

　最近の東京都の60万人健診受診者で，血中脂質の異常，心電図検査の有所見率は60歳以上では，男性に比較して女性に多い．また，わが国では女性管理職の数はそれほど多くないが，1990年の人口動態調査で40歳から60歳の女性管理職の相対死亡率の上昇が認められている．米国での女性管理職の心筋梗塞症の増加が発表されており，血中脂質の異常，心電図検査の有所見率と関連が考えられる．

### 2）東京東部地域の統計

　東京東部地域産業保健センターは小規模事業所（従業員49名以下）に働く従業員に産業保健サービスを充実させることを意図して，葛飾区医師会館内へ平成7年に開所された．墨田，本所，向島，葛飾の4医師会と向島労働基準協会，向島労働基準監督署で合同運営されている．1998年の通産省の工業統計調査で東京都で事業所数第2位の葛飾区は5,593社，3位の墨田区は5,418社であり，都内18地域産業保健センター中の最大事業所数を持つ地域であり，労働人口24万人を超えている．そのほとんどが小規模事業所で働く労働者である．

　そこでアンケート調査を行ない，回収状況は71社で，回答事業所のうち製造業が41社（66.1%）と過半数を占め，ついでサービス業9社（14.5%）卸小売業6社（9.7%），建設業（8.1%）であった．従業員数は1,468名で個人票の回収率1,014

**表 8-3 自覚症状の有無および症状の種類別労働者割合**
(労働省:健康情況調査表) (%)

| 自覚症状の有無・症状の種類 | 平成9年 合計 | 平成9年 男性 | 平成9年 女性 | 平成4年 |
|---|---|---|---|---|
| 合計 | 100.0 | 100.0 | 100.0 | 100.0 |
| 自覚症状あり | 83.7 | 81.7 | 87.3 | 81.5 |
| 動悸,息切れ | 8.2 | 9.0 | 6.8 | 7.5 |
| 心臓部痛,不整脈 | 5.1 | 5.8 | 3.9 | 5.6 |
| 歯,歯ぐきの痛み・出血 | 16.2 | 18.3 | 12.7 | *** |
| 吐き気,むかつき,胃痛 | 19.0 | 20.3 | 16.9 | 17.9 |
| 下痢,便秘,腹痛 | 22.0 | 18.8 | 27.2 | 23.2 |
| せき,息苦しさ,呼吸困難 | 5.1 | 5.9 | 3.8 | 5.8 |
| 喉の痛み | 5.1 | 5.3 | 4.9 | *** |
| 目のかすみ・疲れ | 44.1 | 42.3 | 47.2 | 44.2 |
| めまい,耳鳴り | 9.0 | 8.3 | 10.2 | 9.3 |
| 手足のけいれん・しびれ | 5.9 | 6.0 | 5.7 | 5.4 |
| 肩,腕,首すじのこり・痛み | 51.9 | 44.9 | 63.6 | 47.7 |
| 腰の痛み | 33.9 | 42.2 | 36.1 | 37.0 |
| 皮膚のかゆみ,湿疹 | 13.7 | 13.1 | 14.7 | 12.7 |
| 頻尿,残尿感 | 4.7 | 6.0 | 2.6 | 4.6 |
| 頭痛 | 16.8 | 13.5 | 22.3 | 15.8 |
| 身体全体の脱力感 | 10.6 | 11.9 | 8.4 | 11.5 |
| 不眠 | 6.4 | 6.1 | 6.8 | 6.3 |
| 生理不順 | 3.7 | — | 10.0 | 3.8 |
| 視力低下 | 26.3 | 27.3 | 24.8 | 24.8 |
| 食欲不振 | 3.7 | 4.2 | 2.8 | 3.7 |
| その他 | 2.1 | 2.0 | 2.3 | 2.5 |
| 自覚症状なし | 16.3 | 18.3 | 12.7 | 18.5 |

名 (69%) で,男性 639 名,女性 370 名,不詳 5 名である.このうち男性 437 名 (68.4%) 女性 223 名 (60.3%) が製造業で働き,サービス業は女性 70 名 (18.9%) と少ない.平均年齢は 45.9 歳(男性 46.3 歳,女性 45.2 歳)と中年女性が多く就業し,この地域独特である.女性従業員年齢構成は台形パターンを描き,先進諸国と類似しているのは,さまざまな要因(大家族,賃金,通勤至便など)が絡み合い女性の就職の継続を促していると推定される.61 歳以上の高齢群は男性

15.7%，女性8.9%と特に高率である．葛飾区・墨田区に在住して，同区内に勤務する従業員は50.1%で，男性44.8%，女性59.5%と女性が特に多い．パートは男性23名（3.7%）女性119名（33.7%）であった．

　健康診断を一年に一度受けている者は882名（88.4%）で，男性90.8%，女性84.2%で男性の受診率が高い．パートが多い女性では受診率が男性に比較して少ない．健康診断で異常を指摘されたのは男性185名(30.8%)，女性68名(21.0%)で，平均年齢が高いことからみると異常率は比較的低い．

　男性は高血圧，胃腸病，高脂血症，肝臓病の順で多く，女性は高血圧，高脂血症，胃腸病，糖尿病と疾病に差が認められた．女性では糖尿病が12.2%と労働省調査の2.3%に比較して多い．いずれもが中年になると発症するといわれる生活習慣病である．自己判断で健康であるかは全体で92.7%で，男性91.7%，女性94.2%が健康としている．しかし，現在医療機関で治療中が23.0%で，男性24.9%，女性19.8%であり，男性が女性に比べ治療中の割合が高かった[9]（図8-3）．

　常用する薬剤ありは278例（28.9%）で，男性は降圧剤，胃腸薬，ビタミン剤，脱コレステロール剤の順で，女性はビタミン剤，降圧剤，胃腸薬，脱コレステロール剤であった[9]．

## 3）女性とストレス

　労働省の調査でストレスを感じることは男性64.4%であり，女性は59.9%で男性に比較すると少ない．多い訴えは「仕事の内容が難しい」，「仕事が自分の興味に合わない」，「今の仕事に意味を感じない」，「仕事量が多い」，「自分の技術，能力がいかせない」，「職場環境が悪い」等となっている

　大規模事業所（労働省調査・全国）よりも東京東部の小規模事業所（回答数男性630名，女性364名）の方がストレスは全体に少なく男性21.0%，女性23.9%であった[8,9]．大規模事業所に比較して人事関係が単純であることもストレスが少ないものと推定される．女性は相談相手も友人，家族と恵まれて，孤立している人が男性に比較して少ない傾向である．男性は配偶者に，女性は友人に相談することが多い．ストレスは「非常に大きい」64名，「かなり大きい」156名，「ふつ

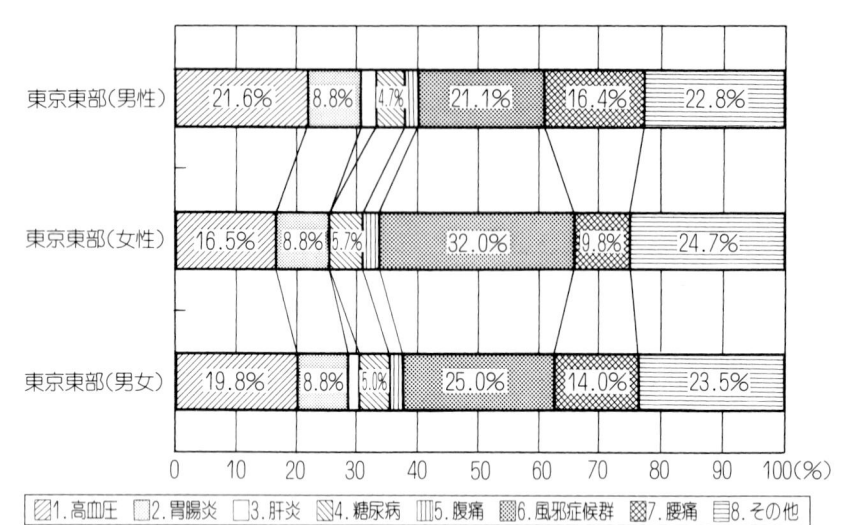

図 8-3 最近1年間に治療を受けた病気（東京東部地域産業保健センター）

凡例：1.高血圧　2.胃腸炎　3.肝炎　4.糖尿病　5.腹痛　6.風邪症候群　7.腰痛　8.その他

東京東部（男性）：21.6% / 8.8% / 4.7% / 21.1% / 16.4% / 22.8%
東京東部（女性）：16.5% / 8.8% / 5.7% / 32.0% / 9.8% / 24.7%
東京東部（男女）：19.8% / 8.8% / 5.0% / 25.0% / 14.0% / 23.5%

う」599名，「あまりない」130名，「まったくない」50名，未回答15名である．当地区では70歳以上の労働者も受け入れており，会社が存続し健康な間は勤務できることも心の安定に寄与している．

## 3．女性労働者とライフサイクル

　女性は一生の中でホルモンによる固有のリズムと関連性を強く持ち日内変動，月内変動，年内変動，年齢変動が男性とは異なる．25歳時をピークとする生理不順・妊娠と出産，35歳時からの不妊・育児と仕事の量・質の変化，45歳時からの更年期障害と介護問題，55歳時からの骨粗鬆症・生活関連病などと女性労働者の健康との課題も年代毎に多彩である．

### 1）20～35歳の女性の就労による健康問題

　結婚・出産年齢の後退で生理痛・生理不順に悩む人が多くなり，就労中の生理

痛を痛み止めで抑えている場合が多い．重症の生理痛は子宮内膜症等の合併も推定されるが，情報が少ないためか医師への受診は低率である[10]．

### (1) 月経痛

全国の女性 27,106 人への調査によれば，身体的不快症状は，腹痛（67.3%），腰痛（46.3%），全身倦怠感（36.3%）などの症状が顕著である．気分の変化については，「イライラした」(35.5%)，「憂うつになった」(30.8%)，「気分の変化はなかった」(24.8%) が多くなっている．

子宮内膜症については，全国の受療患者数は約 128,000 人と推定されており，月経困難を訴えるものは 88% であり，そのうち 7 割は鎮痛剤を使用している．不妊を訴えるものは 30% であり，不妊期間の平均は 5.3 年となっている．

### (2) ダイエット

平成 9 年の国民栄養調査によれば，女性の間ではスリム化指向が強く，やせすぎや拒食傾向といった問題が増加している．20 歳代女性の 11.8% がダイエットを行なっているが，BMI による肥満度の判定では，このうち 75% は「普通・痩せ」，と判定されている．無理なダイエットによる拒食は，無月経の原因となるとともに，将来の身体発育や妊孕性（妊娠する能力）にも重大な影響を及ぼし，老後の骨粗鬆症等につながる可能性もある[11]．

### (3) 妊娠・出産・産褥

平成 8 年に妊娠した者は，約 125 万人と晩婚化等を反映し減少している．出生児数は，約 120 万人と昭和 35 年の約 4 分の 3 となっている．妊娠出産した女性労働者のうち退職した者の割合は昭和 46 年には 46.9% であったが，平成 9 年には 19.0% となり，出産により退職する者の割合は減少している．

### (4) 妊娠中の問題

有職女子の異常分娩が多くなっている．妊産婦の就業中のストレスについての訴えは「勤務時間が 8 時間を超過する」「残業の増加」「勤務場所の喫煙」「対人業務が辛くなる」「騒音作業が長時間出来ない」等妊娠に伴う身体的愁訴が多い．産褥期の女性は，一過性の軽うつ症状のマタニティブルーとなることが少なくない．その発生頻度は欧米では全褥婦の 1/2〜1/3 であるが，日本では少なく，6.5% と

報告されている．

## 2）35〜45歳の女性の就労による健康問題

育児中の多忙で睡眠時間が減少して，疲労感が蓄積している世代である．

### (1) 医療関係者における育児

医学科の学生 95 名，保健学科 172 名，福祉短大 131 名，看護婦 218 名，医師 53 名，歯科医師 20 名の合計女性 689 名を対象に，仕事と育児に関しての調査で，医師，医学生では育児より仕事の方に強い関心を持つ傾向があり，看護婦，保健学科学生では仕事より育児に強い関心を持つ傾向にある．出産を機に仕事をやめる人よりも，出産後も仕事を続けたいと思う人がほとんどであり，その理由として多いのは自分の視野を広げたい，仕事が好きであるであった．

復帰に際しての問題点と対策については，「子どもがある程度成長してから仕事に復帰したい人」では，「育児に関する問題点」や「子どもが非行にはしることが心配」とする人の割合が他の群よりも有意に高かった．実際に育児を経験した人と，していない人の間に認識・意見に大きな開きがあることが示された．育児を経験していない人では，育児に関する不安や，夫との関係などの家庭に対する不安が強い傾向にあるが，実際に育児を経験した人では，職場での人間関係や，子どもの病気が主な不安である[12]．

### (2) 子どもを持つ女性の労働負担に関する生理心理学的調査

この調査の対象者は，某製造業の研究所に勤務する研究員で，子どもを持つ女性 13 名，子どものいない独身の女性 12 名および子どものある男性 12 名．対象者の平均年齢は，それぞれ順に，36.8 歳，37.2 歳，36.5 歳で，3 群ともほぼ同じであった．勤務は，午前 10 時から午後 3 時までをコアタイムとする週休 2 日のフレックスタイム制．調査対象者に，通常の生活で 1 週間に，主要な 6 種類の家事（朝食の準備，夕食の準備，夕食の後片づけ，洗濯物，居間の掃除，子どもの送迎）に費やす時間を質問紙できいたところ，子どものある女性では 667 分，独身女性では 234 分，子どものある男性では 18 分であった．子どものある女性では，独身女性や子どものある男性に比べて，勤務日の負担が大きい．また，末子の年齢が

6歳未満の場合にこの傾向が強いことなどから，職場における仕事よりも家庭での家事・育児が負担の原因と推定される[13]．

## 3）45〜55歳の女性の就労による健康問題

　男性よりも遅れて高血圧・狭心症等の生活関連病が発症するが，仕事の責務が増すために中年女性の死亡率が，特に管理職で増加中との最近の報告もある[18]．更年期障害も時代とともに50歳前後と遅くなって発現している．第二の離職期といわれる介護問題もあり，地域や男性の積極的協力と参加が必要不可欠である．仕事と介護の両立は育児の時よりも本人の体力が低下しているために，重大な疾病を介護者に引き起こす．

### (1) 更年期障害

　更年期障害は，加齢による卵巣ホルモンの減少，急激なエストロゲン低下が原因で生じ，その症状は頭痛・肩こり，疲れやすい，ほてり・のぼせ，イライラなどが多い[14]．自覚症状には個人差があるが，症状が重い場合には女性の労働など社会活動に支障を来たし，家庭生活に影響を与える場合がある．更年期障害には，女性ホルモン補充療法（HRT）が有効である．

### (2) 骨粗鬆症

　骨粗鬆症の予防には，若い頃からのカルシウムの摂取に加え，適当な運動，バランスの良い食事が必要であることが指摘されている．最近の研究によると，50歳以降ホルモン投与を受け続けた女性では，途中で投与を中止した女性に比べて70歳時点での骨密度が高かったという．同じ研究で，60歳代の半ばから後半にかけてHRTを開始した女性の70歳代半ば時点での骨密度も，25年間HRTを続けてきた女性の骨密度とほぼ同じだったと報告されている．

### (3) 心筋梗塞

　50歳以下の女性が心筋梗塞（MI）後に死亡する割合は，同年齢の男性よりも有意に高いと報告されている．30〜89歳のMI患者38万4,878例を対象とした調査で，50歳以下の女性患者が入院中に死亡する割合は，同年齢の男性患者の2倍であった（女性患者6.1%，男性患者2.9%）．この差は年齢が進むにつれて小さ

くなり，75歳での死亡率は女性18.4%，男性19.1%とほぼ同程度であった．1994〜1998年に集められた米国心筋梗塞者の登録データから，全年齢を通じてのMIによる入院中の死亡率は男性では11.5%，女性では16.7%と計算されている．女性の場合，発作後24時間以内に血栓溶解療法を受けた割合は，どの年齢でも男性より低く，女性では16.2%，男性では22.5%であったと報告されている[15]．

男女含めて心電図でST上昇を伴うMI患者，ST上昇を伴わないMI患者，不安定狭心症の患者1万2,142例に注目した．女性は男性に比べてST上昇を伴うMIを発症する傾向が低く，男性では37%であるのに比べ，女性では27.2%であった．不安定狭心症は男性よりも女性患者に多かった．不安定狭心症で診察後30日以内に死亡か梗塞を起こした女性患者は，男性患者より35%少なかった．特にST上昇を伴う女性MI患者の出血リスクは男性患者よりも高く，中等度から重度の出血を起こす割合は男性患者で7.3%であるのに対し，女性では15.9%であった．女性は多すぎる量の薬剤を定期的に投与され，必要なヘパリンの量はもっと少ない．用量を決定する際には性別や体重を考慮すべきであると報告されている[16]．若い女性患者でMIの予後に性差があるという知見は，エストロゲンの異常とも関係があるとされている．

(4) 女性の喫煙，高脂血症

小川ら[22]はJAMISに登録された急性心筋梗塞（AMI）患者1,032例を，性，年齢をマッチさせた同数の検診受診者（対照群）と比較し，冠危険因子の頻度を検討した．AMI患者では高血圧症は495例（48.0%），糖尿病243例（23.6%），喫煙596例（57.8%），虚血性心疾患の家族歴128例（12.4%），高脂血症280例（27.1%），肥満217例（21.0%）に認められ，対照群との多重ロジスティック回帰分析の結果，高血圧症が最も有意な危険因子であり，続いて糖尿病，喫煙が並び，次に家族歴，高脂血症が有意な危険因子であることが明らかにされた．女性において喫煙が非常に大きな危険因子となっている．さらに64歳以下の成人では高脂血症の重要性が増してきている．

(5) 介護問題

介護休業制度を導入している事業所は53.5%である．500人以上の事業所では

96.8%, 99人以下では58.7%である. 介護休業取得者の男女比は, 女性90.7%, 男性9.3%であり, 全体の7割強が3ヵ月未満の休業期間となっている. 介護のための勤務時間短縮等の措置を導入している事業所は34.1%であり, 「短時間勤務制度」27.7%, 「始業・終業時刻の繰上げ・繰下げ」19.0%, 「フレックスタイム制度」8.1%などとなっている[17].

### 4）55～65歳の女性の就労による健康問題

総務庁統計局の「人口推計」によれば, 平成11年の総人口は12,669万人であり, 高齢者人口（65歳以上人口）は2,119万人で, そのうち女性1,237万人, 男性は82万人となっている. 長い高齢期をいかに過ごすかは, 男性に比べて女性にとって, より重要な問題になっている. この20年間で定年の延長が行なわれ, 少子化も関連して中高年の就業が多くなっている. 定年後の身体活動の維持のためも, この時代の健康維持は重要な課題である. 全国では女性中高年労働者は農業に多く従事し, サービス業が増加している（表8-1）.

有職女子733人と専業主婦452人の健康度を調査した報告では柔軟性, 平衡性, 筋持久力, 瞬発力などの体力, 血液, 尿検査よりの健康は有職女子の方が高い水準を示していた. しかし, 日常生活時間にゆとりがなかったとも報告されている[22].

## 4．女性労働者と環境

### 1）環境有害物

女性は男性より環境有毒物に影響を受けやすく, 同じ曝露でも女性のほうが高用量となり影響がより大きくなる. 女性の体格が小さいことや, 多くの環境有害物は体脂肪に蓄積されるので差がでてくる. 妊娠, 授乳, ダイエット, 更年期, 加齢などによってこれら毒素が脂肪から遊離する. 環境汚染物質にさらされた女性は糖尿病, 腎障害, 肝障害, 尿路疾患などを有する率が高く, 乳がん, 子宮体がんを発症しやすいことが明らかになった. 米環境保護局は, 環境有害物質は男女間で顕著な性差があり, 今後問題にしていくのはいわゆる「婦人病」だけでは

ないとしている.

わが国でも水銀，有機溶剤などへの曝露で不妊症や妊娠経過の異常が報告されている[20,21]．284 例の女性を対象とした研究において，低レベルの鉛の曝露で女性の高血圧発症率が高くなる可能性が報告されている．鉛の骨中レベル（膝蓋骨で測定）が最も高い女性は，最低レベルの女性に比べ高血圧症を発症する率が約 2 倍高かった[19]．

### 2）温熱・低温作業など

温熱・低温作業において，女性は低血圧症が多く，調理作業場などは 50 度近くに室温が上昇すると末梢血管拡張が起き，さらに血圧が低下して気分が悪くなる事がある．循環血漿量を上げるためにも水分やカリウムの補充を頻回に行なう必要がある．低温作業に従事する女性はまだ少ないが，冷凍された食材で皮膚炎・末梢神経炎を引き起こし，冷凍室への頻回な出入りで関節炎を起こすことが男性より早く出現する．

管理・上級職への女性の登用は，組織の偏向を防ぎ活力を生み出す．法令の制定・実施・監査にも女性が参画することが，よりよい社会を作り出す源になると考える．

改正労働基準法により，妊産婦保護は拡大され，時間外規制，深夜業規制，坑内労働規制の緩和が期待される．女性の雇用を制限する壁も撤廃され，存分に働ける環境作りにもなるが，労働条件の悪い職場に配転せざるをえない人も出てきている．採用の差別禁止は女性がほとんどの看病・介護の現場に男性が関与してきており，両性の良さが発揮されるものと期待されている．しかし，途中離職の慢性的看護職不足なども解消される可能性も有るが，職場内での競争が激化して復職が不可能になることも懸念される．

女性労働者への社会的認知が成熟していないわが国では，しばらくの間は混乱が生じる可能性がある．

〔山口　いづみ〕

## 文　献

1) 総理府：平成 12 年男女共同参画白書，2000.
2) 総理府：平成元年女性の就業に関する世論調査，1988.
3) 総務庁：平成 9 年就業構造基本調査，1999.
4) 社会経済生産性本部：SOHO アンケート調査．労経ファイル，11：48-49，2000.
5) 酒井一博：交代勤務の産業実態と改善の視点．労働科学研究所，1998.
6) 前原直樹，他：夜勤タクシー運転手における心室不整脈の進展を対象として．労働科学，72：396-412，2000.
7) 前原直樹，他：国際レベルをめざした男女共通の深夜労働の法規制の現状と今後の課題．労働科学，76：191-204，2000.
8) 労働大臣官房制作調査部：労働者健康状況調査報告，1997.
9) 山口いづみ，他：小規模事業所労働者健康調査，1999.
10) 厚生省児童家庭局母子保健課：生涯を通じた女性の健康施策に関する研究，1999.
11) 総理府：平成 10 年国民生活基礎調査の概況，1999.
12) 烏帽子田　彰：公衆衛生学教室実習レポート，1999.
13) 須藤綾子：子供を持つ女性の労働負担に関する生理心理学的調査．産衛誌，37：245-252，1995.
14) 杉浦浩子，他：35〜65 歳の女性の更年期の自覚，健康意識および身体・精神症状について．日本更年期医学会雑誌，6：179-185，1998.
15) V Vaccarino, et al：Sex Based Differences in Early Mortality After Moycordial Infection. The New England Journal of Medicine. 341：217-225, 1999.
16) S Hochman, et al：Sex, Clinical Presentation and Outcome in Patients with Acute Coronay Syndrome. The New England Journal of Medicine, 341：226-232, 1999.
17) 労働省：平成 11 年度女性用管理基本調査，2000.
18) 長谷川敏彦，他：日本人女性の職業別死亡率の分析研究．産衛誌，41：455，1999.
19) M Feychting, et al：Reduced Cancer Ineidence amomg the Blind. Epidemiology, 9：490-494, 1999.
20) 杉　洋子：有機溶剤取り扱い作業者の第一子の男女比について．産衛誌臨増号，p 189，2000.
21) 日本産業衛生学会：許容濃度等の勧告．産衛生，42：130-192，2000.
22) 栃木産業保健推進センター：有職女子の生活実態とその健康度に関する研究，1999.
23) 小川久雄：心筋梗塞発症の危険因子：第 61 回日本循環器学会抄録集．シンポジウム I「循環器疾患の危険因子と一時予防」，1997.

# 9章 高齢者の社会的体力と地域環境

## 1. 加齢にともなう体力の変化

### 1) 運動能力と防衛能力

　体力には，身体のサイズなどの体格的なことや，運動機能的能力とともに，ストレッサーなどに対する身体の防衛能力も含まれる（図9-1）．防衛能力には環境への適応能力や免疫，体温調節などがあり，高齢者の日常生活においては，防衛能力がより重要性を増してくる．加齢とともに，外部からのストレッサーに対して，身体機能の側で過剰反応を起こし，あるいは反応を起こすまでに時間がかかり，疲労の回復に長時間を要する場合もみられる．そして，予備的な能力が少なく，余裕をもって反応することが出来ず，疲労が起こり，体力的に限界に達しやすい．

　身体的な運動能力は，10歳代後半から20歳代前半にかけてピークに達し，その後は徐々に低下がみられ，競技スポーツは若年者の活動の場である．加齢にともなう身体機能の低下度は，関連する組織，臓器によっても異なる．加齢により生体の組織に，線維化や硬化などの変化が生じ，臓器に萎縮がみられる．これらの変化は，主として構成する細胞の数の減少によって生ずる．身体を構成している細胞には，神経細胞のように，ほとんど分裂や増殖をしない細胞もあるし，血球細胞のようにたえず分裂，増殖，再生する細胞もある．または卵子や精子細胞のように細胞の増殖や再生過程に，加齢によって変化がみられる場合もある．細胞

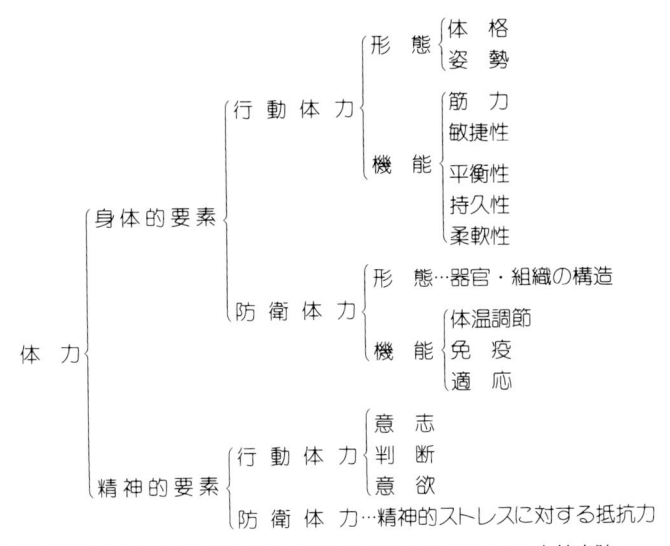

```
                        ┌形 態┬体　格
               ┌行動体力┤     └姿　勢
               │        │     ┌筋力
               │        │     │敏捷性
               │        └機 能┤平衡性
       ┌身体的要素              │持久性
       │                        └柔軟性
       │        ┌          形 態…器官・組織の構造
       │        │防衛体力 ┌体温調節
       │        └        └機 能┤免　疫
体 力 ┤                         └適　応
       │        ┌          ┌意　志
       │        │行動体力 ┤判　断
       └精神的要素          └意　欲
                └防衛体力…精神的ストレスに対する抵抗力
```

図 9-1　体力の要素（猪飼道夫：運動生理学入門．p 144，杏林書院，1969．）

数の減少は，各種臓器の機能の低下をもたらし，さらに細胞の大きさ，質的な変化もこれに関係する．細胞数の減少に対して，分裂や増殖がなければ，残った細胞が代償的に働き，より大きな負荷となる．負荷に対して細胞がフル稼働し，その機能が限界に近づけば，予備力は低下する．こうした状態においては外部からのストレッサーに対して抵抗力は弱くなり，細胞自体が損傷をうけ，細胞数の減少が起こるといった悪循環が生ずる．

　老化現象にはかなり個人差がみられ，体質，遺伝，栄養状態，身体的，精神的活動度，または生活環境などの要因が影響する．老化の現われ方もいろいろであり，身体活動にあまり衰えが自覚されない40歳代において，老眼が現われ始めるなど，視，聴，味覚などの感覚機能から低下がみられる．体力の加齢変化を数値としてみると，体格指数としての体重を身長の2乗で除して求めるカウプ指数あるいはBMI（Body Mass Index）の高齢期における変化はそう大きくはない．しかし，体脂肪成分が多くなり，身体活動に有効な筋肉や骨格である除脂肪体重の割合が減少していることが多い．

呼吸器系の機能は加齢によって次第に低下し，最大換気量は，1歳毎に約1％の割合で30歳ころより低下を示す．換気運動は，胸郭を構成している骨格，呼吸筋，横隔膜などの複合運動により行なわれ，これらのいずれの機能においても，加齢に伴い機能は低下し，肺実質細胞も萎縮し，呼吸機能全体としての低下がみられる．エネルギー代謝機能は，青少年期にピークがみられ，以後，漸次低下する．1日の必要エネルギーは，体格や身体活動度により異なるが，高齢者は一般的に活動度が低く，栄養摂取量は少なくなる．その減少の一部は細胞機能と関連し基礎代謝の減少によるが，多くは日常生活の活動度の低下による．日常の運動・活動量別に持久力を示す最大酸素摂取量の加齢による変化をみると，中高年者で日常の運動量の多いグループほど最大酸素摂取量が大きく，加齢による低下は60歳代から70歳代にかけて生じ，他のグループに比べて遅延する．これに対し運動をしていないグループでは，最大酸素摂取量レベルが低く，その低下の開始時期も50歳代から60歳代にかけてと早期側にずれる．これらのことからも中高齢者においても適度の活動や運動が必要といえる．

老いは，人間の出生，発育，成長，成熟に続いて起こる，避けがたい身体の変化過程であり，細胞，組織，臓器，そして身体機能全体に生理的老化として，遺伝的に定められた部分がある．これら遺伝因子に身体内外の環境因子がストレッサーとして加わり，老化の速度に影響する．慢性疾患を伴うと病的老化となり，老化が加速される．老化とともに次第に外部への適応能力が低下し，わずかな環境の変化が過度のストレッサーになる場合もしばしばみられる[1~5]．

## 2）社会的体力の変化

一般の社会生活では，それほど優れた運動能力を必要としない．各種能力の経年変化をみると，知的精神能力である記憶，暗記力などは，若いときにピークに達し，漸次下降線をたどるが，理解力や総合力は，かなりの高齢になるまで衰えをみせない．知的精神能力は，生活経験を糧とし，人生後半においてピークのみられる場合が多い．また，社会で活動するのに必要な社会的，経済的な能力は，実社会において働き，収入を得て，活動度が増すに伴って増加する．やがて定年

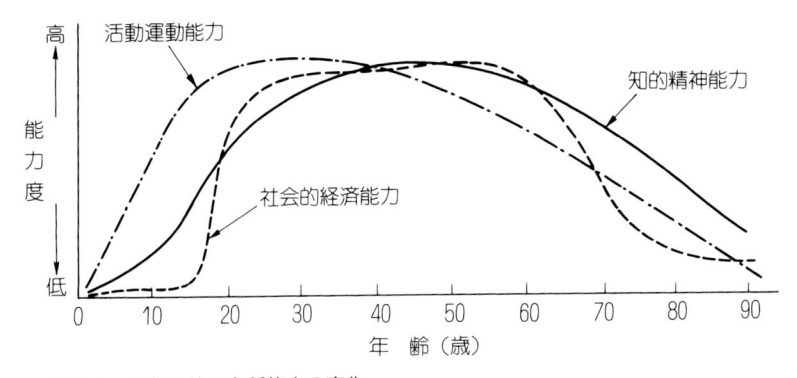

図 9-2 加齢に伴う各種能力の変化

になって社会的な活動が減じ，年金生活になると，収入が減少し，急激に社会的，経済的能力は低下する（図9-2）．サラリーマンの場合，身体的には，職場において毎年，実施されていた健康診断の機会も定年によって少なくなり，疾病予防，健康づくりや健康保持に対する対応が，社会的にも個人的にも急激に変化し，生理的体力は次第に低下する傾向がみられる[2,4]．

こうして高齢者の体力は定年を境にして急激に変化しやすい．一次産業や自由業の場合には，生理的体力によって社会的体力に個人差が大きく現われるのに対し，一般のサラリーマンの場合には暦年齢によって社会的体力が定まる．定年の年齢は以前には55歳，それが60歳となり，最近では65歳にまで引き上げられている．しかし，多くの場合，定年に近づくにつれて収入は頭打ち，あるいは，定期昇給がなくなり，職場によっては一年毎の契約となったり，配置転換も行なわれ，経済的能力は下降線をたどる．平成11年の国民生活基礎調査[注1]によれば，1世帯当たりの平均所得金額は全世帯では655.2万円で，高齢者世帯では335.5万円，そして児童のいる世帯では747.4万円で，対前年比でみると，高齢者世帯では微増しているが他は減少している．生活意識からすると，「ゆとりがある」とす

---

注1）保健，医療，福祉など国民生活の基礎的な事項について，1986年より厚生省で調査が行なわれ，全国の約5万世帯，約15万人を対象とし，所得などについての調査は約5万世帯，約1万人を対象としている．

るのは全世帯で5％未満であり，「普通」が43％，「やや苦しい」32％，「大変苦しい」が20％強を示している．高齢者世帯でも「ゆとりがある」とするのは5％未満であり，「普通」が49％，「やや苦しい」33％，「大変苦しい」が13％強を示している．

　高齢者の場合，収入源として，給与，年金や不動産収入などがあげられる．年金は近年，支給開始年齢が引き上げられ実質的に減額される傾向があり，先行き不透明感がある．給与は一般的にこれまでの年功制によらず，能率制や歩合制となる場合がみられる．農林業など一次産業の場合にも，社会状況の変化に身体体力の低下も加わり収入は減少する．また老後にそなえての不動産，貸家や貸地の場合は，近年の経済の失速により，従来よりも賃貸料が安くなり，さらには借り手がない，ローンのある場合には重い足かせになるなど，社会的な環境はきびしい．

　農林漁業などの自営的職業では，加齢に伴い仕事の量を減らし，力仕事の比重を少なくするなどして，高齢になっても何らかの仕事に従事している場合が多い．しかし，多くのサラリーマン，勤務者の場合には，定年によって職場や仕事を突然にやめる場合が多い．心身活動から見ると日本では，働くということで精神的に充実した生活が得られ，生きがいや満足感となっている場合がみられる．定年後は，悠々自適に余暇と趣味にという場合もみられるが，実際的な面からすると，個人として積極的に余暇を楽しもうにも，その方法を知らない，経済的に不安である，またはそれを実現するところが，身近にないなど，社会的環境として十分に整備されていないのが現状である．

## 3）核家族化と孤独感

　身体生理面の生理的老化に対して，精神面，心理面の老化である心理的老化も問題である．精神的に全くストレスのない状態は，精神活動を鈍化させ，無気力におちいりやすい．生理面からも，脳細胞を適度に使うことは，高齢者においても頭脳の活動レベルの低下予防から必要である．また孤独は「死に至る病」といわれ，孤独感は高齢者の心理面に影をなげかける．定年による社会的，経済的地位の変化，そして核家族化によって，子どもたちが独立し，やがて配偶者の死別，

親しい人の死などにより，身近な生活環境面で孤立化する傾向が強まる．家庭や社会での役割，そして社会活動での使命感や生きがいが減少し，日常生活における活動の範囲も狭くなり，加えて，加齢とともに身体機能は衰え，身体活働の低下，歩行障害などによる身体移動の制限，さらには難聴などの感覚障害も加わり，人々との関係,コミュニケーションに支障が生じ，孤独感は深まる環境になりやすい[6,7]．

核家族化とともに一人暮しの高齢者の増加もみられる．戦前から昭和30年頃までは1世帯当りの平均家族数は5人弱であったが，以後減少を示し，昭和60年には3人強と減少傾向がみられる．夫婦，または夫婦と未婚の子どものみにより構成される核家族の割合は，昭和30年には45.4%であったが，その割合は次第に増加し，昭和60年には60%以上となっている．高齢者が子や孫と同居している割合は，昭和35年から45年までは約80%と高かったが，その後は低下傾向がみられ，特に都市部での高齢者の同居率は，住居事情も加わり地方，郡部に比べて低い．65歳以上の高齢者のいる世帯が，経年的に多くなり，今では全国的には3世帯強に1世帯の割合となり，一人暮らし老人の割合も18%と増加している．逆に，子，孫と同居する三世代同居世帯は，昭和50年に55%であったが，4半世紀後には約30%に低下している．平成11年には65歳以上の高齢者が全人口に占める割合は16.6%であり，そのうち子と同居している高齢者は49.3%と5割を下回っている．地域的に人口構成の高齢化をみると，65歳以上の老年人口は，島根県が23%と高い．鳥取，山口，徳島，鹿児島，秋田，山形県などでも20%以上と高く，郡部の人口を多く抱えている地域，県において高齢化率は高い．これが町や村になると高齢化率はさらに高くなり，4人に1人以上が高齢者である場合もみられる．日本の高齢化率は2000年には17%であり，2020年には27%に達するものと予想されている．

こうした核家族化社会において，高齢者に関する家族以外の交友関係についての地域別の調査結果では，近くに親しい親戚がいない高齢者は都市部（東京都）で20%弱であるのに対し，郡部（山梨県）で10%未満と少なく，また親しくしている近所の人がいない高齢者は，都市部で35%弱であるのに対し，郡部では約13%であった．そして近くに親しくしている友人のいない高齢者は，都市部で

60％弱，郡部では50％弱であり，いずれも郡部では都市部より親密な人間関係を保っている高齢者の割合が多い．環境的には孤立していても，電話などのコミュニケーションにより，心理的な孤独感は和らげられるとも考えられるが，老年期において社会活動からの引退や家庭生活の変化などにより孤独感は強くなる傾向にある．人生についての問題や死を意識しての時間的展望による孤独感は，加齢とともに強くなり，社会環境によっては，さらにその意識が強くなる．

　自殺による死亡率の国際比較をみると，各国ともに，高齢者に自殺率が高く，特にハンガリーにおいて著しい．日本における最近の統計で年間2万人以上の自殺死亡者があり，その65％強を男性が占めている．そして65歳以上の占める割合は男性で20％以上，女性で40％である．自殺に至った原因，動機についてみると，多いのは，「病苦等」であり，次いで「アルコール依存症・精神障害」そして「家庭問題」である．これを年齢別に65歳以上の高齢者についてみると，「病苦等」による場合が男女ともに約75％と多い．次いで「家庭問題」「アルコール依存症・精神障害」であるが，いずれも10％未満である．高齢者の中でも一人暮しの老人に自殺者の多い傾向がみられる．これには配偶者や友人との死別による孤独感，そして疾病との関係が深いものと考えられる[7,8]．

## 2．高齢者をとりまく環境

### 1）社会環境と風土

　医療費が年々増加し，それを社会，個人がいかに負担するかが大きな問題である．人口構成がピラミット型を呈し，経済も成長期にあった時代には，後世代，社会への相互扶助の考えから高齢者の医療費の無料化も行なわれた．少子高齢化，経済悪化などの社会環境の変化によって高齢者の医療費が有料化され，さらに年金生活者からも税金が徴収される．かつて経済成長をみてきた日本社会も，今ではイギリスをはじめとするヨーロッパ諸国の高齢社会のように，社会的成熟・老熟期にある．世界にさきがけ産業革命の先駆をなした大英帝国も，「ゆりかごから墓場まで」をモットーにした福祉社会を形成している．しかし，ここでも，子が

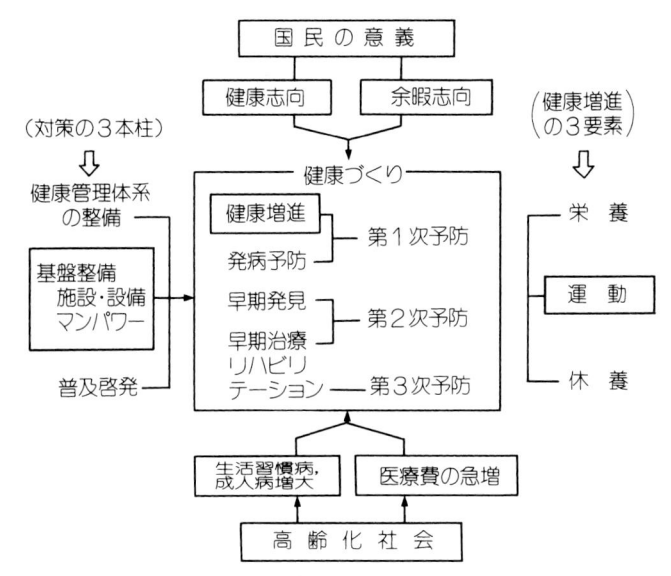

図 9-3 アクティブ 80 ヘルスプラン（第 2 次国民健康づくり対策）の
背景と意義

　家業を継いで同居したり，または「スープのさめない距離」に住んでいる場合は少なく，昔ながらの広い家には高齢者世帯や独居老人が住んでいる場合が多くなっており，核家族，高齢社会に一般的にみられる社会的な環境である．

　21世紀に日本は超高齢社会になろうとしている．厚生労働省では更なる少子・高齢社会に向けて，いろいろな政策・対策を行なっている．健康衛生面では，人生80年時代が現実のものとなり，80歳になっても一人一人が自分自身で身の回りのことができ，社会参加もできるような生き生きした生活をおくれることを目標に「アクティブ80ヘルスプラン」が提示されている．そして「健康日本21」活動では21世紀を健康で活力ある社会とするために，病気の一次予防を重視し，寝たきりや痴呆にならないで生活できる期間，すなわち「健康寿命」の延伸などを掲げ，国民の健康づくりを総合的に推進することを目指している（図9-3）．

　社会病理学的視点からみると，人間を取り巻く環境が主な原因となって起こる疾患を環境性疾患といい，栄養，食生活，飲酒などの生活習慣が原因となる疾患

を習慣病という．慢性疾患，老人性疾患の多くは，生活環境や普段の生活習慣の複合的な要因に関連する．また人体の諸機能は，天候や気候，季節変化などによっても影響をうける．疾病としては，気象病，季節病があり，温熱条件との関係も深い[9,10]．

## 2）寒さと居住環境

　寒冷環境において，高齢者の体温は低下しやすく，直腸温などの中核部温が35℃未満となり身体機能の低下から死に至る場合もみられ，老人性低体温症と呼ばれる．高齢社会のイギリスでは，老人性低体温症による死亡が，冬季にはかなりの数にのぼり，1950年代には老人性低体温症が，社会的な問題となった．アメリカにおいても石油危機と寒波が重なった時期には，家庭での暖房の不備から多くの死亡がみられた．老人性低体温症は独居老人など高齢者が，家屋の断熱性能や暖房状態の不備な条件，そして身体側の栄養状態と体温調節機構の劣化などによって生じ，偶発性低体温症(注2)の一つのタイプである．

　普通，人は寒さに曝露されると，身体内では産熱量が増加し，皮膚血管が収縮し，放熱を防ぐように作用する．血圧は上昇する傾向がみられるが，若年者では気温による血圧値への影響は比較的少ない．一方，高齢者では気温が低いほど血圧値が高く，気温の影響が大きくあらわれやすい．また寒さを感じると衣服の着用や暖房の使用など行動性調節を行なうが，体温調節機構や温度識別能の劣化した高齢者の場合には，体内での寒さに対する反応が十分に起こらず，また寒さを正確に把握できないため防備も不十分となり，健康障害を起こしやすい状態になる．高齢者の体温は環境に影響されやすく，冬季の早朝には低体温化が，そして夏季には高体温化傾向がみられる[11]．

　日本の月別の死亡パターンをみると，1940年代には夏，冬季に死亡のピークがみられたが，その後の経時変化をみると夏季の死亡のピークは，衛生状態の向上

---

　　注2）低体温麻酔などによる人為的な場合でなく，直腸温などの中核部温が35℃未満となった場合をいう．冬季に高齢者で多く発症しやすく，この場合には老人性低体温症，そして都市部で浮浪者などが罹患した場合には都市型低体温症という．

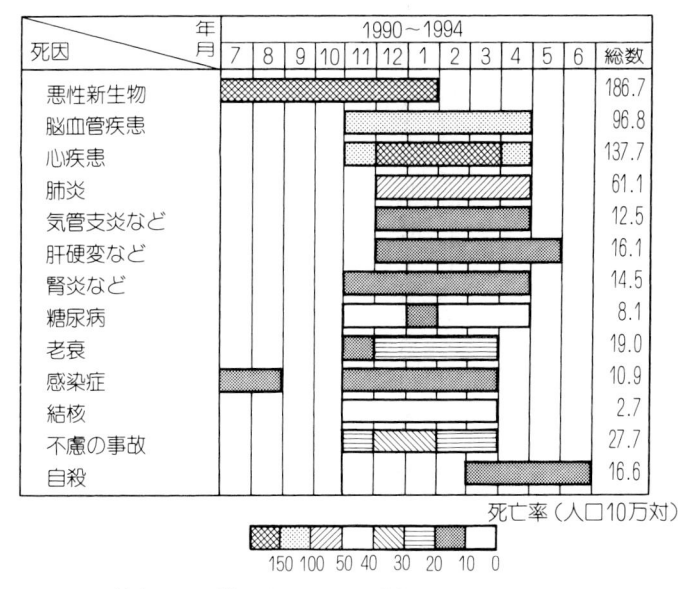

図 9-4 季節病カレンダー（1990～1994年）

もあって低下しやがて消失している．消化器感染症や衛生害虫によって媒介される感染症は夏季に多発し，一方，冬季には肺炎や気管支炎など呼吸器系疾患が，高齢者に多発する傾向がみられる．低温・低湿の寒冷刺激によって，上気道はダメージを受け細菌やウィルスの温床になり感染を受けやすい．また冬季には寒さによる血管収縮なども要因となって脳血管疾患や心疾患の発作も多い．死亡の季節パターンを，疾病ごとの月別の死亡率が年平均値よりも高い値を示す季節をグラフ化した季節病カレンダーからみても，多くの疾患の死亡ピークが，近年においては冬季へと移行している（図9-4）．こうした面からも高齢者の冬季の居住環境については，環境衛生の上から配慮されなければならない．郡部，農村の住生活についての報告には，循環器疾患や感冒，リウマチ，神経痛，腰痛，眼疾患などの増悪因子の一つとして居住条件が挙げられている．住まいは，その地域の風土や人口構成，交通機関などの社会的要因と深い関係をもっている．建物の状態や居住性の評価判定には，住居の広さや敷地面積などが尺度として用いられてい

るが，物理的生物学的な面からは，採光や通風，温熱条件，衛生設備なども重要な評価尺度である．

　郡部には昔ながらの家屋が多く，夏季には住空間に風が流れ涼しく快適に過ごせるにしても，冬季には隙間風となり，寒さなど問題点も多い．一方で住宅や敷地の面積は，都市部の住宅に比し格段に広く，持ち家の比率も高い．しかし家の構造や設備面では，経年的に囲炉裏は少なくなり，電気炬燵やストーブがとって替わり，生活状態にも変化がみられる．積雪地では雪により採光量が少なく，さらに便所や風呂が別棟となっている場合もみられ，居住環境での厳しさ，寒さが問題となる．寒冷地域に生活する人々にとって，住まいの温熱環境は，冬季の暖房費などの経済面からのみならず，衛生面から健康にも影響がみられる．

　夏季の高温多湿な日本の風土の中で，冷房のない時代に人々は風土，気候へ順応し，蒸し暑さに慣れ，適応性を示した．こうした風土のなかで日本の建物は夏には風通しの良いことが第一とされ，戸を開け通風により涼が求められた．冬季には戸を閉ざし重ね着と採暖による生活であり，春や秋季には穏和な自然条件のなかで，自然と融和した生活がみられた．東北地方では高血圧の多発や脳卒中の発生には，塩分の多い食品の摂取などの食生活のみならず，冬季の居住環境による寒さの要因も関与している．近年，寒冷地域では，高断熱，高気密の建物が普及しつつあり改善がみられる．北欧では，福祉は住居に始まり住居に終わるとされ，良質な住宅なしには福祉は成り立たないと考えられている．郡部の自然ゆたかな生活環境において，寒さの厳しい冬季には，特に居住環境に留意する必要がある[12~16]．

### 3）高齢者の保健福祉施設

　一病息災ともいわれるが，加齢とともに持病をもつ高齢者が多くなり，治療よりも介護やリハビリテーションあるいは日常の生活サービスを必要としている人が多くみられる．老人病院と特別養護老人ホームの中間的な存在として，1986年に老人保健施設が創設された．施設の面積からみると，一人あたりの広さが病室で$4.3 m^2$以上，老人ホームの$10.65 m^2$以上に対し，老人保健施設では$8 m^2$以上とされている（表9-1）．しかし未だ空気環境面での基準は定められていない．特別

表 9-1 老人病院，老人保健施設および特別養護老人ホームの比較

| | 老 人 病 院 | 老 人 保 健 施 設 | 特別養護老人ホーム |
|---|---|---|---|
| 機　　能 | 治療機能 | 家庭復帰・療養機能 | 家庭と同じ機能 |
| 対 象 者 | 病状の慢性期の治療を必要とする老人 | 病状安定期にあり，入院治療をする必要はないが，リハビリ，看護介護を必要とするねたきり老人等 | 65歳以上の者であって，身体上または精神上著しい障害があるために常時の介護を必要とする者 |
| 入院の主たる要件 | ・療養が必要な場合<br>　（治療が重点） | ・リハビリ，看護・介護等の施設療養が必要な場合<br>（入院治療は要さない） | 居宅において適切な介護を受けることが困難な場合<br>（入院治療は要さない） |
| 費用の支払 | 医療費<br>・老人診療報酬による出来高払 | 療養費<br>・老人保健施設療養費を支給（264,800円）<br>・生保対象者には医療扶助 | 措置費<br>・生活費全般について措置費を支給（月23万円程度） |
| 財　源 | 保険者拠出金(注1)……6/12<br>国……4/12，県……1/12<br>市町村……1/12 | 同　　左 | 国　　　　　　　　1/2<br>県または市　　　　1/2 |
| 利用者負担 | 一部負担<br>・月　21,000円（入院） | 利用者負担<br>・施設ごとに設定（6万円程度）<br>・生保対象者には一定額の生活扶助 | 費用徴収<br>・本人の所得に応じ負担<br>（平均2.9万円程度） |
| 利用手続 | 病院と個人の契約 | 施設と個人の契約 | 福祉事務所長の入所措置 |
| 開 設 者 | 医療法人，国，地方自治体，社会福祉法人，公益法人，厚生連，日赤，社会保険関係団体，医師等 | 医療法人，社会福祉法人，地方自治体その他告示で定める者 | 社会福祉法人，地方自治体 |
| 開設許可等 | 都道府県知事の許可 | 都道府県知事の許可 | 都道府県の設置ー<br>　　　　　　許認可不要<br>市町村の設置ー<br>　　　　　知事への届出<br>社会福祉法人の設置ー<br>　　　　　　知事の認可 |
| 施　　設 | 病室（一人あたり4.3m²以上）<br>診察室<br>手術室<br>処置室<br>臨床検査室　等<br>廊下幅　片廊下1.2m以上<br>　　　　中廊下1.6m以上 | 療養室（一人あたり8m²以上）<br>診察室<br>機能訓練室<br>談話室<br>食　堂<br>浴　室　等<br>廊下幅　片廊下1.8m以上<br>　　　　中廊下2.7m以上 | 居室（一人あたり10.65m²以上）<br>医務室<br>機能回復訓練室<br>食　堂<br>浴　室　等<br>廊下幅　片廊下1.8m以上<br>　　　　中廊下2.8m以上 |
| スタッフ（入院・所者100人対） | （特例許可老人病院）<br>医師　3人<br>看護婦（准看含む）　17人<br>介護職員　13人<br>その他<br>　薬剤師，診療放射線技師，臨床検査技師等 | 医師　1人（常勤）<br>看護婦（准看含む）　8人<br>介護職員　20人<br>その他<br>　OTまたはPT，相談指導員等 | 医師　1人（非常勤で可）<br>看護婦（准看含む）　3人<br>寮田　22人<br>その他<br>　生活指導員，機能回復訓練指導員等 |

注　1）入院医療管理料病院等の場合．

養護老人ホームと老人保健施設のわれわれの環境調査において，1年間の居室の温，湿度の測定結果からは，月平均室温は年間を通じて25℃前後を示し中性温域にあった．しかし季節による湿度の変動は大きく，夏季に多湿であり，冬季には低湿傾向が著しく，月平均で20％未満となる場合もみられた．最近の施設では床暖房の普及もみられ，温度条件についてはほぼ充足されている．しかし冬季の低湿度対策としては，ポータブル加湿器などを必要に応じて使用している程度で湿度条件は不十分であり，抜本的には加湿機を建築設備として建物に設計の段階において計画的に組み込む必要がある．

　2000年当初に厚生省では介護保険制度において，施設介護の中心となる特別養護老人ホームの建設にあたり「グループケアユニット型」を推奨し，国庫補助助成対象としている．このグループケアユニット型特別養護老人ホームは，広い談話と食堂スペースを中心とし，いくつかの居室と台所，トイレを備えた生活空間をグループ単位とすることで家庭的な環境を創造し，入居者の状態に応じた介護が可能になるものと考えられる．このユニットを独立的な単位として，町の中に小規模の老人ホームの建設を推進し，老人ホームを身近な存在にして欲しいものである．またグループケアユニット型特別養護老人ホームは，いわば建物の量的な面でのプランであり，ホーム内の臭気や空気質，温・湿度調節などの質的な面についても配慮される必要がある．日本ではビルなど特定の建築物については，ビル管理法により室温，湿度，気流，空気質など室内環境基準が定められている．ヨーロッパの先進諸国においては，住宅についても室内衛生の推奨基準が提示されている．今後は建物のサイズなどハード面のみでなく，室内衛生などソフト面への配慮も必要となる．一人暮らし老人や高齢者世帯が多くなると，必然的に在宅介護は困難になり，施設介護が必要となる．しかし，地域によってはこうした施設が充足しているとは必ずしもいえない[8,15]．

　高齢者に地域社会がなすべきことは，高齢者が望む環境で生活できるような対策を講ずることである．在宅介護を望む人々には，家庭への援助と介護を組織化すべきである．社会的介護に対する必要度は，高齢者や家族によりさまざまである．簡単な日常行動の手助けや用具の工夫で，高齢者が自立できるようになる場

合から，住まいの改造を要する場合，施設入所など，それぞれの状況に応じた適切な対応が必要となる．老人ホームは以前の「収容の場所」から「生活する場所」へと徐々に姿を変えている．老後を設備の整った老人ホームで生活したいとする人々もあろうし，住みなれた自宅で過ごしたいとする高齢者もいる．地域社会はこれらのニーズに応えなければならない．地域社会からの何らかの手助けがあれば，自宅で自立生活を続けられる高齢者が，地域社会での配慮の欠如から，本人や家族の意に反して，老人ホームに入居せざるを得ない場合も生じている．高齢者のための社会福祉対策と住宅政策との間には，多くの隘路があり，これらの間隙を埋める努力が必要である．

　地域には，寝たきりの高齢者や独居高齢者などでも安心して生活のできる施設機能や社会福祉体系とともに，活動的な在宅高齢者にも利用できる施設や組織が必要である．福祉と医療，施設と家庭とが各々，分離された存在ではなく，これら施設の地域内での有機的な組織化，複合化が必要である[17]．このため，従来のセクショナリズムを排し，地域を中心とした高齢者センターとでもいえるものの存在が望まれる．地域の人々や高齢者の集い，各家庭への入浴や食事などの援助，高齢者や家族への助言，高齢者への健康相談，外来診療，治療，看護，そして必要とあれば，施設，病院等への入所，入院といった一貫性のある社会福祉，医療体系が地域のなかで行なわれなければならない．

## 3．居住福祉への展開

### 1）保健福祉，医療制度のながれ

　保険制度を歴史的にみると，わが国では 1922 年に健康保険法が制定され，1938 年には国民健康保険法の制定，そして 1961 年には国民皆保険となり全国的な広がりを示した．これは全国民を何らかの医療保険でカバーした世界で初めてのものである．そして 1973 年には老人福祉法が改定され，老人医療費の無料化が開始されている．これはすでに各地方自治体が，地域の状況に鑑み独自に行なっていたものを，国が政策として取り上げた画期的なものであった．しかし，これが 1983

年には老人保健法により患者の一部負担金の支払が実施され，そして1997年には介護保険法が成立し，2000年4月から実施されている．この場合，費用面では介護費用の1割を利用者が負担し，残りの9割の半分は保険料で，半分は公費で賄われる．そして公費分の半分は国が，あとの半分は都道府県と市町村が負担することになる．介護保険料については原則として高齢者でも年金から徴収されており，その額は各市町村により異なっている．

「ゆりかごから墓場まで」の言葉で知られる英国では，1948年から国家保健サービス法が施行された．これはドイツでの保険でまかなう方式と異なり，国が税金で医療保健を保障する方式で，国営で医療を行なう世界初の方式の実施である．医療保健，福祉の状況は各国の法制度により大きく異なり，その大きな要因は費用である．英国に代表されるように国が税金で賄う場合と，米国にみられるように個人や会社が支払う場合とが両極にある[8,13,18]．

## 2）地域自治体の活動

現在，全国的に公共事業の見直しがなされている．従来の事業は，空港，高速道路などの交通網の整備や埋め立て事業などの大型公共事業が大部分を占めており，これらの事業費は米国をもはるかにしのいでいる．その財源は税金と借金であり，国や自治体の借金が膨張し，総額で600兆円を超え，国民一人あたりにすると500万円にも達する．大蔵省の財政収支に関する報告の国際比較によれば，1990年代にそれまで上位にあった日本の財政収支はその後，急激に落ち込み，アメリカ，カナダ，イギリスなどの欧米先進諸国が軒並みプラスの方向に転ずるなかにあって，対GDP比は1991年に約-1%であったものが，1999年には-10%へと落ち込んでいる．その分，医療，福祉などに充てられる社会保障費が抑えられている．

経済が好調で，人口構成も若い層の多い米国を見ならうかのように，日本も能率化し競争社会化している．身体的にも社会経済的にも体力のない高齢者にとっては厳しい状態にある．銀行や生命保険会社，企業は合併を繰り返し，一部は税金による支え，そして外国資本の参入や買いとりが行なわれている．最近では介

護保険制度による，今後の地域への経済波及効果についての報告がなされているが，これには民間事業者への活力としての数値のみであってはならない．地域全体としての経済効果と地域の人々の生活への影響を統合して考慮されるべきである．最近の完全失業率は悪化傾向がみられるなか，介護には多くの人的資源が必要であり，地域の雇用には効果が期待できる．アメリカでも以前にはかなり高い失業率を示し，また完全雇用政策を推進したイギリスでも，1960年ころよりイギリス病といわれるように福祉制度と経済の停滞のもとにあり，学校を出ても若者の働き口は少なく，自分の志望する分野への就職はままならない状況にあった．現在の日本はそれと同様の状態が進行しつつある[8,10,19]．

　高齢者が定年後に，よりどころとしていた年金が不安定となり，老後のために預貯金を預け入れている生命保険会社や銀行にも不安材料が増加している．保健，医療，福祉の分野にも競争原理が持ち込まれ，強化されている．全国的に介護事業に参入した業者も，利の薄い地域からは手を引き，都市部に市場を移し，競争が激化している．しかし，それらが市場原理に合致する社会基盤があれば解決されるが，郡部，無医村，過疎地区などにおいては医療機関の環境整備さえもおぼつかないところもある．これまでは病身の独居老人が自宅でホームヘルパーなどにより在宅介護を受け生活することが出来たのが，介護保険制度の導入により，介護料が支払えず，高齢者保健福祉施設に入らざるを得ないといった事例も見られる．国民の生存・生命にかかわる保健，医療，福祉分野の多くを競争原理におくことは馴染まない部分がある．極端な例では多額の保険金目的の保険金殺人事件，臓器移植のための臓器の売買なども正夢化している．これらについては法的な整備が行なわれる必要があり，ここでは最低限度の保健，医療，福祉は地域社会で保持されなければならない．

　従来の日本の医療制度では，寝たきり老人が多くみられた．今回の介護保険制度において，経済性や効率性が前面に出て，高水準の介護サービスを求めるあまり，かえって寝たきり老人や介護に手のかかる高齢者を社会的に生ぜしめるようなことは許されることではない．そこで適切に医療と介護が連携することで，個人への介護の必要度は低下し，地域全体としての介護・福祉の向上が期待される．

実際の地域での健康づくり計画や実施については，市町村の自治体にまかされているところが多く，各自治体の積極的な取り組みが期待される．民間の介護福祉業者の参入があまり期待できない地域においては，各地方自治体の高齢者福祉事業への積極的な取り組みが不可欠である．超高齢化社会においては，居住地域そして地方自治体そのものが，福祉の場となる状態が必要である．

[田中　正敏]

## 文　献

1) 朝長正徳, 佐藤昭夫編：脳・神経系のエイジング．朝倉書店, 1989.
2) 日本建築学会編：高齢者のための建築環境．彰国社, 1994.
3) 田内　久：老化の形態学―基本的形態像とその周辺―．理工学社, 1980.
4) 小林寛道, 近藤孝晴：高齢者の運動と体力．朝倉書店, 1985.
5) 東京都立大学体育学研究室編：日本人の体力標準値．第4版, 不昧堂出版, 1989.
6) 柴田　博, 芳賀　博, 古谷野亘, 長田久雄：間違いだらけの老人像―俗説とその科学．川島書店, 1985.
7) 寺田　晃, 他：老年期．東北大学教育開放センター, 1989.
8) 厚生統計協会：国民衛生の動向．厚生の指標, 47 (9), 2000.
9) 健康・体力づくり事業財団：健康日本21 (21世紀における国民健康づくり運動について) 健康日本21企画検討会, 健康日本21計画策定検討会報告書, 2000.
10) 経済企画庁総合計画局編：活力ある高齢化社会を目指して．大蔵省印刷局, 1985.
11) 九州大学健康科学センター編：健康の科学―現代生活と健康処方―．学術図書出版社, 1986.
12) 早川和男：居住福祉．岩波新書, 1997.
13) 岡本祐三：高齢者医療と福祉．岩波新書, 1996.
14) 吉野　博, 長谷川兼一：熱環境からみた冬期の居住性能に関する地域特性の変化．建築学会計画系論文集, 499：1-7, 1997.
15) 田中正敏：人間の環境に対する応答そして適応―温熱環境衛生を中心に―．日衛誌, 55 (1)：53-65, 2000.
16) M Tanaka：Tendency of seasonal disease in Japan, Global Environ. Res. 2：169-176, 1998.
17) 田中正敏：老人の居住環境．からだの科学, 117：17-21, 1984.
18) 入来正躬編：体温調節のしくみ．文光堂, 1995.
19) アン・マッケロイ, パトリシア・タウンゼント (丸井英二監訳)：医療人類学．大修館書店, 1995.

# 10章 地域における成人・老人保健管理の展望

　平成6年に地域保健法が制定され，地域保健対策の推進に関する基本的な指針が打ち出された．それによるとこれからの地域保健は，生活者個人の視点を重視するとともに，住民の多様なニーズに対応したきめ細かなサービスを提供することが求められている．また地域独自の特性をいかに的確に地域保健活動に反映させてゆくかということも重要な課題である．

　21世紀の来るべき超高齢化社会を目前にして，保健・医療・福祉の3分野の連携を担う地域保健に課せられた使命は甚だ大きい．本稿では，地域保健における成人・老人保健活動の現状/課題とともにその近未来展望を，既存の衛生統計学的知見ならびに疫学的知見を主なる基盤的資料として引用し述べる．

## 1．成人・老人保健における問題点

### 1）死亡率の推移からみて

　図10-1に，わが国の戦後50年間の死亡率の推移を，抽出した6つの年齢階級別に示した[1]．どの年齢階級でも死亡率が着実に減少してきたことは明らかである．同様の死亡率推移を主要な死因別に検討した結果が図10-2〜6[1]である．結核については，この50年間で死亡率が大幅に低下したことを指摘できるが，特に若年齢層において，1950年から1960年の10年間における死亡率の低下が顕著であったことを示している（図10-2）．

　これは，昭和26年の結核予防法の全面改正など地域保健行政における結核対策

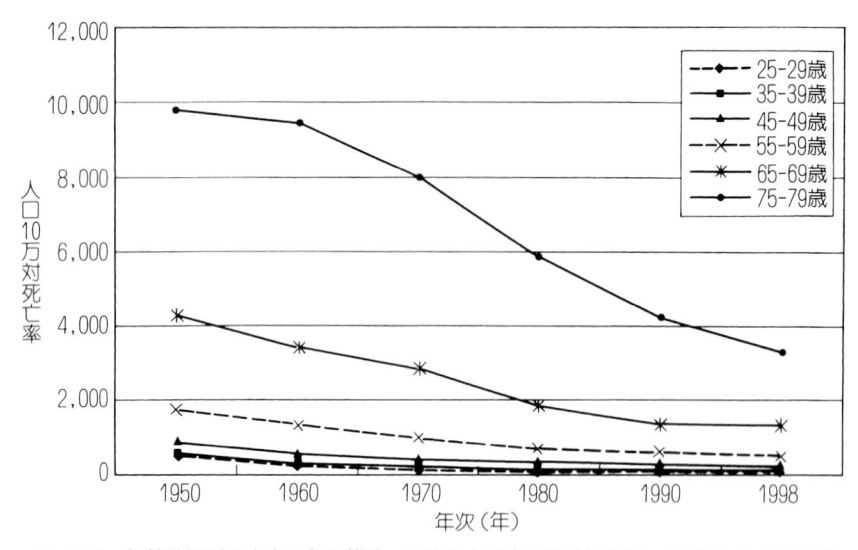

図 10-1 年齢階級別死亡率の年次推移（厚生省大臣官房統計情報部：平成10年人口動態統計上巻，2000.）

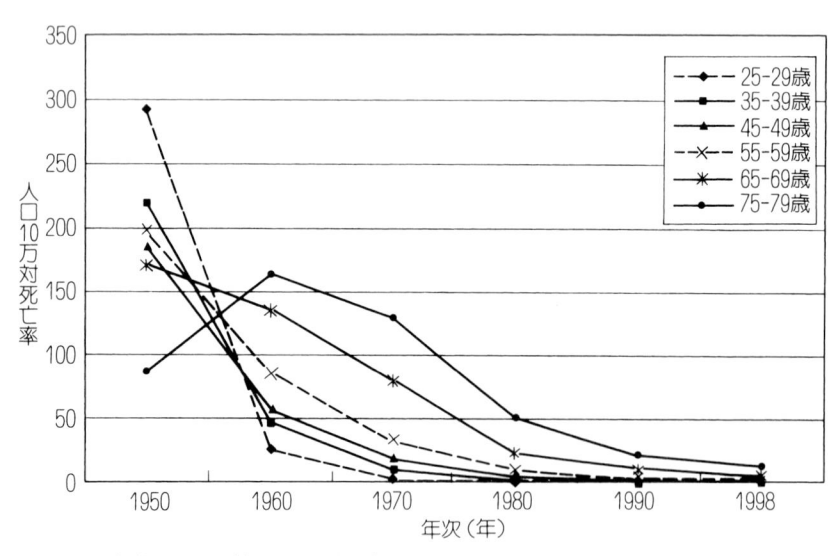

図 10-2 年齢階級別結核死亡率の年次推移（厚生省大臣官房統計情報部：平成10年人口動態統計上巻，2000.）

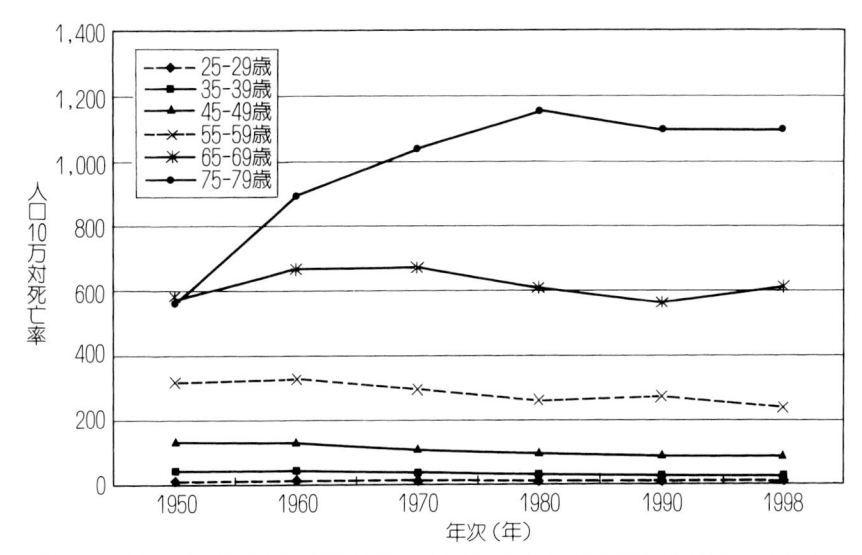

図 10-3 年齢階級別悪性新生物死亡率の年次推移（厚生省大臣官房統計情報部：平成10年人口動態統計上巻，2000．）

の推進とともに，生活水準の向上に伴う栄養状態の改善と優れた抗結核薬の開発など，一次予防対策，二次予防対策の両面における進歩が，特に若年期の結核死亡の減少に大きく寄与した結果であると考えられる．しかし一方，高齢者については，これらの効果が若年者ほど顕著ではなく，免疫抵抗力の低下を背景としている場合が多い高齢期結核への対策の難しさをうかがわせている．

他方わが国では，菌陽性結核の罹患率は1975年頃よりほぼ横ばいで減少を認めていない．再興感染症と称される結核に対する地域レベルでの管理活動は，高齢期結核への対応を軸として，今後の地域保健活動においてますますその重要性を増してゆくと考えられる．

図10-3は，悪性新生物死亡率の年次推移であるが，青壮年層では経年的に緩やかな減少傾向が認められるものの，高齢層では少なくともこの30年間の間に際立った減少は認められていない．1970年以降の30年間において高齢層で顕著な死亡率の低下をみた心疾患（図10-4），脳血管疾患（図10-5）とは対照的である．

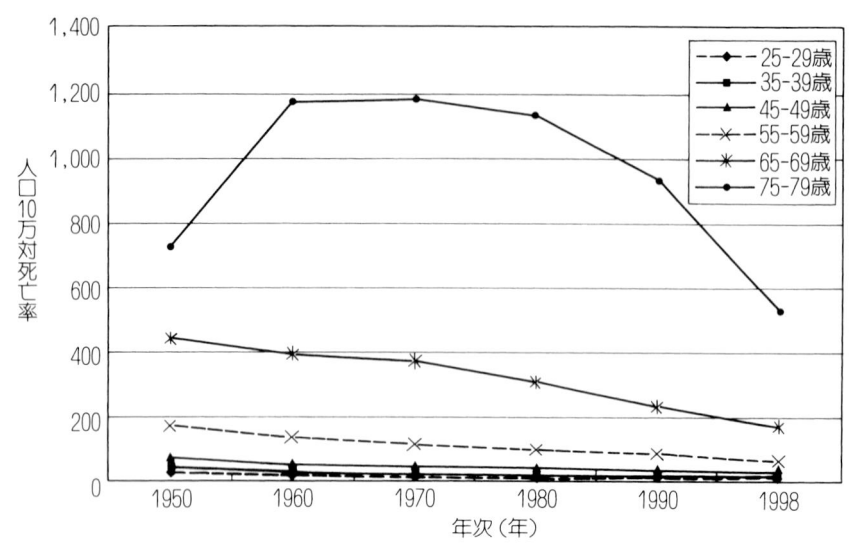

図 10-4 年齢階級別心疾患死亡率の年次推移（厚生省大臣官房統計情報部：平成10年人口動態統計上巻，2000.）

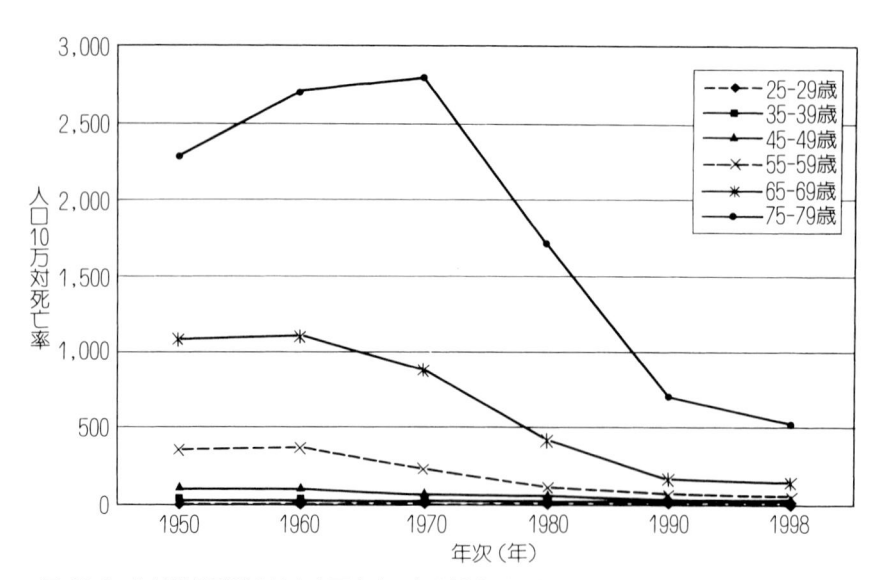

図 10-5 年齢階級別脳血管疾患死亡率の年次推移（厚生省大臣官房統計情報部：平成10年人口動態統計上巻，2000.）

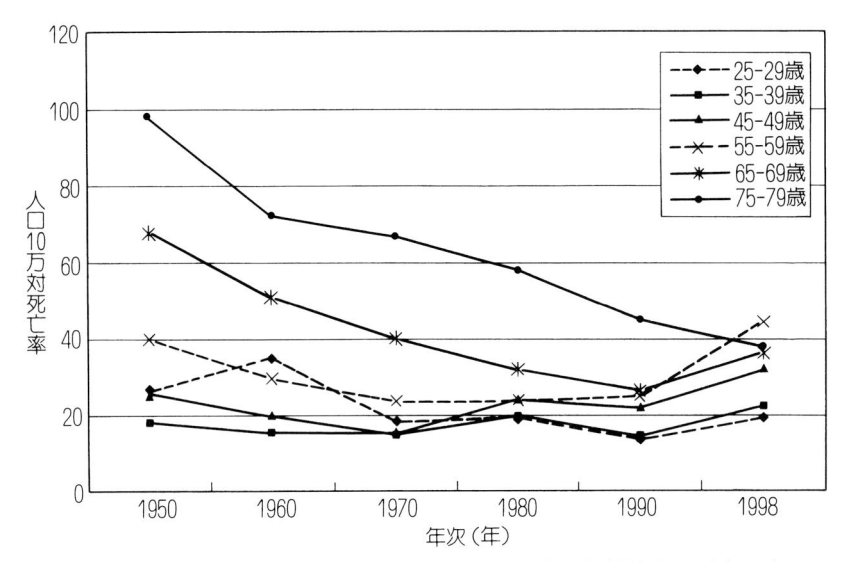

図 10-6 年齢階級別自殺死亡率の年次推移（厚生省大臣官房統計情報部：平成10年人口動態統計上巻, 2000.）

　悪性新生物の場合，死亡率が明らかに低下している部位と上昇している部位とがある．胃がん死亡，子宮がん死亡などが減っている一方で，肺がん，大腸がんをはじめ，難治がんとされる胆囊・胆管がんや膵がんによる死亡率は上昇しており，高齢層でのがん死亡率が全体としてほぼ横ばいであるのは，このような部位間の年次推移の相違が相殺された結果ととらえることができる．

　死亡率が増加しているがんについては，その増加の主な原因としてライフスタイルの変化（食生活の欧米化など）が指摘されている．

　がん治療技術がいかに進歩してもこのような一次予防面における対策をなおざりにしては，がん死亡は減少しえない．がん一次予防対策のさらなる徹底化は，今後の地域成人・老人保健活動の大きな課題である．

　一方，1970年以降に脳血管疾患死亡率が急激に減少した背景としては，地域における高血圧症対策の奏効が大きいと考えられている[2]．これにより，特に脳出血死亡率が大きく低下したことは間違いのない事実であろう．しかし同時に，肉体

労働の減少，動物性タンパク質摂取量の増加などによる影響もきわめて大きいと考えられ，ここでも日常のライフスタイルがもつ影響力の大きさが再確認できる．

図10-6には戦後の自殺死亡率の推移を年齢階級別に示した．75〜79歳群では緩やかな減少傾向の一途をたどっている一方で，これ以外の5つの年齢層ではいずれも，1990年以降の8年間で明らかな増加を示していることは注目せねばならない．近年の経済不況による失業やリストラの増大がもたらした影響ともみてとれよう．中高年者に対する心のケアの問題が，地域保健活動の中で重要性を増しつつあるゆえんである．

## 2）高齢化の持つ意味

地域保健対策の樹立にあたっては，まず地域特性を的確に把握することが必要である．地域特性を規定する要素は無数に存在しようが，地域保健活動を展開するにあたってもっとも重要なものは，地域における年齢構成すなわち高齢化の程度である．

図10-7に，わが国47都道府県の人口に占める65歳以上者割合（すなわち老年人口）を比較対照させた．大都市圏を含む都道府県では一様に低いが，これを含まない都道府県では20％前後と高くなっている．最も老年人口割合の高い島根県〔23.8％〕と，最も低い埼玉県〔11.5％〕との間には2倍強の開きが認められる．なおこの老年人口割合と悪性新生物死亡率，脳血管疾患死亡率との間には47都道府県において，それぞれ，0.868，0.869という高い相関関係が認められた．すなわち高齢化の進行程度が主要死因における死亡率の地域格差を生み出す原因として，きわめて重要であることがわかる．

図10-8には患者調査[3]に基づくわが国の受療率（入院＋外来）の年次推移，図10-9には平成8年受療率（入院＋外来）[3]の47都道府県別比較を行なった結果を示した．高齢層の受療率は1975年頃から今日に至るまで減少する傾向は認められず，漸減傾向にある青壮年層とは異なった傾向を示している．この結果現在では，受療率も年齢ときわめて密接な関係にあり，老年人口割合の高い都道府県で受療率も高い傾向にあることが認められている．ちなみに47都道府県における老年人

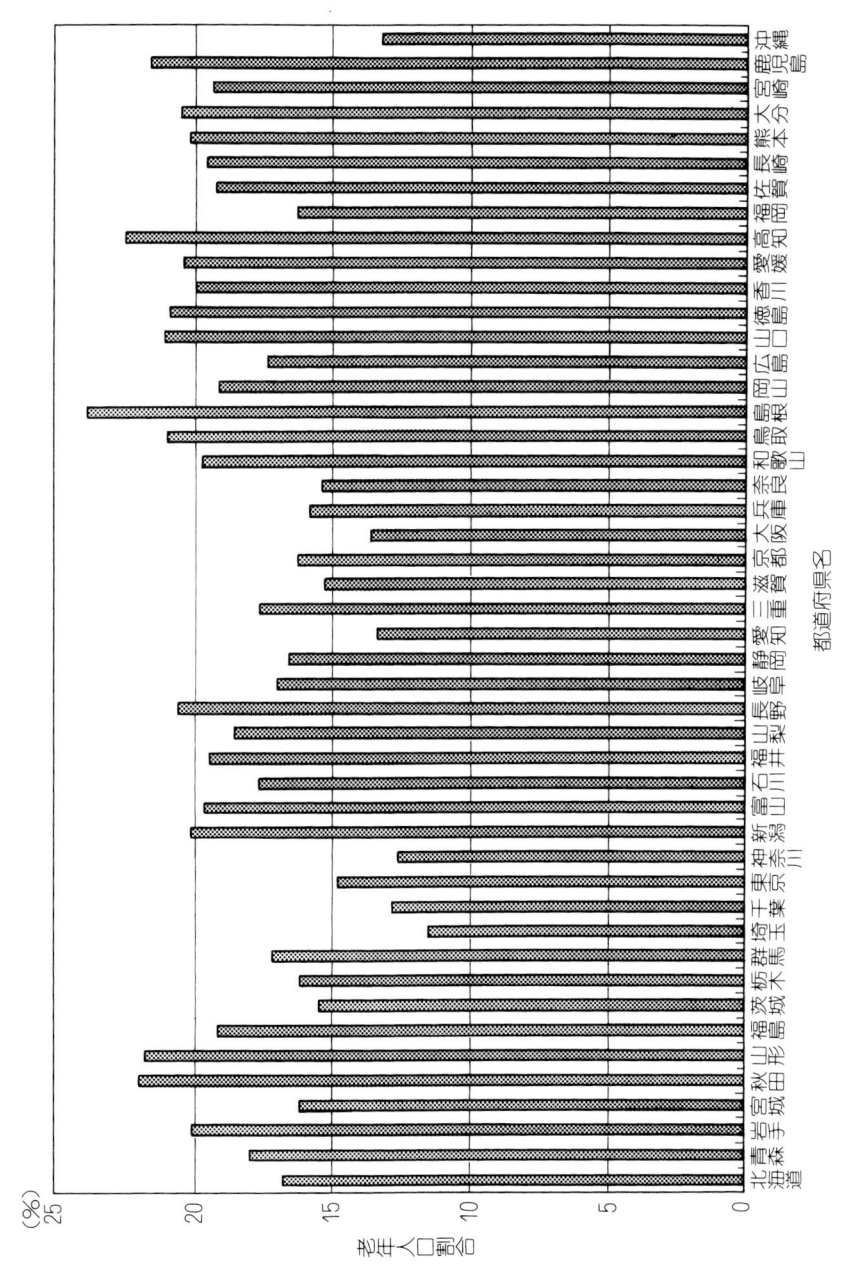

図 10-7 老年人口割合の都道府県別比較（平成10年推計人口から）

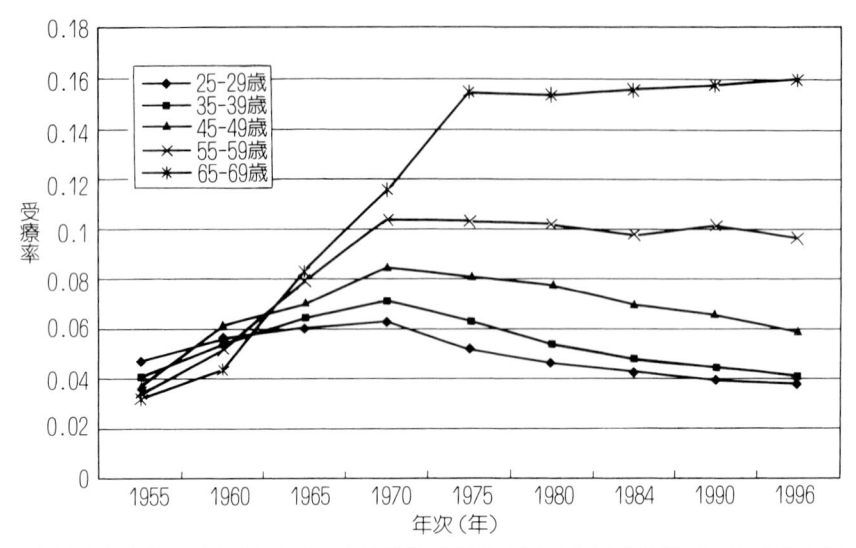

図 10-8 受療率（入院＋外来）の年次推移（厚生省大臣官房統計情報部：平成8年患者調査（全国編），1999.）

口割合と受療率の相関係数は 0.632 であった．

　これらの事実から，とくに近年では，高齢化の進行が地域の要受療者を多く生み出す原因として何よりも重要であると考えられ，今後の地域の成人・老人保健対策においては，高齢化そのものは食い止めることができなくとも，医療が必要とされるような有病高齢者の数をいかに引き下げるか，言い方を変えれば，健康な高齢者をいかに多くするかということがきわめて重要な問題である．なおこのことは，高騰する国民医療費を緩和するための方策としても最も重要なポイントとなろう．

## 2. 地域における健康増進対策

　健康な中高年期を過すための青壮年期からの健康づくり対策の重要性が認識され，国民健康づくり対策が，国家的プロジェクトとして開始され始めたのが1978

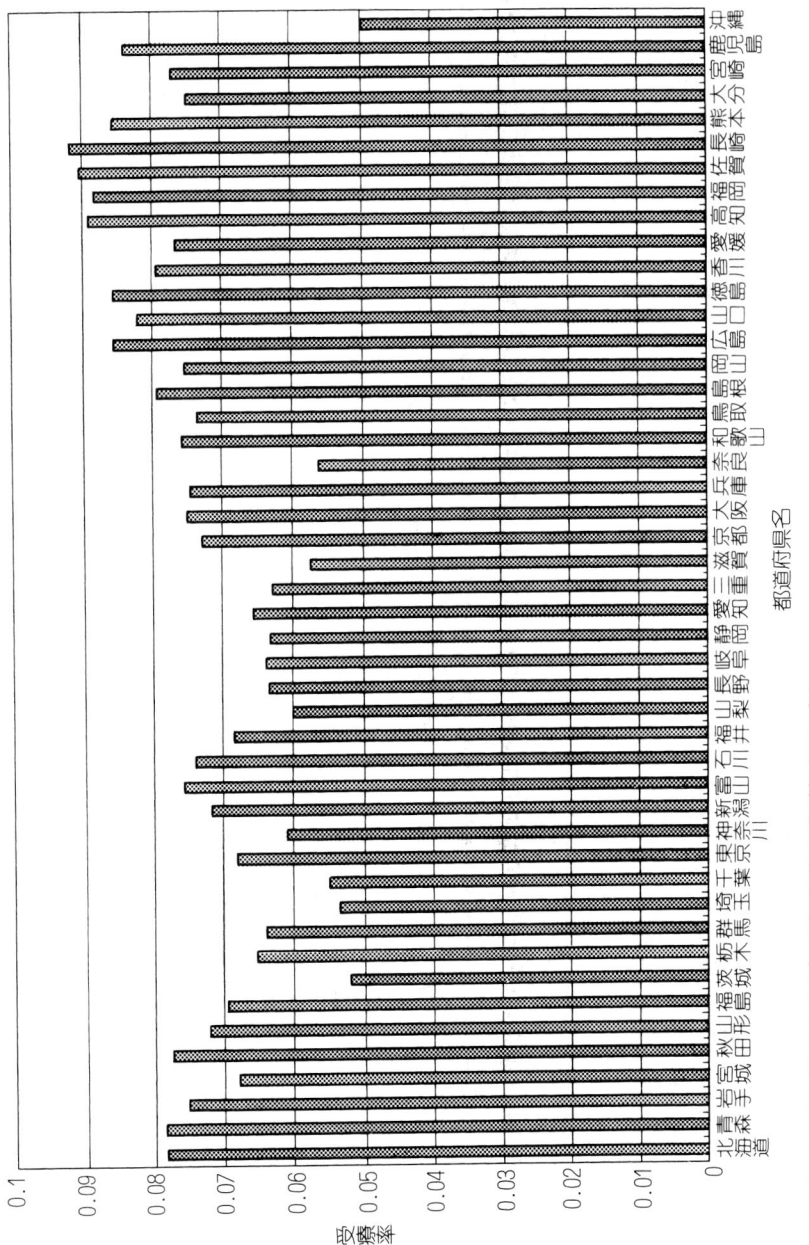

図 10-9 受療率（入院＋外来）の都道府県別比較（1996年）

年である．これにより，生涯を通じての健康づくり推進策が推し進められるとともに，基盤整備事業として健康増進センター，市町村保健センター等が設置された．

健康づくりの3要素として栄養，運動，休養があげられ，これらについての啓発・普及が進められ始めたが，以上の健康増進事業はやがて1988年以後のアクティブ80ヘルスプランへと受け継がれることとなる．本事業では，高齢化社会を睨んで，一人一人が80歳になっても身のまわりのことができ，社会参加もできるような生き生きした生活を送ることにより，明るく生き生きした社会を形成しようとするところに基本理念を置いたものであった．

2000年からは21世紀における国民健康づくり運動として，健康日本21がスタートした．この事業では，壮年死亡の減少，痴呆や寝たきりにならない状態で生活できる期間（健康寿命）の延伸等を目標に，国民の健康に大きな課題となっている分野を選定し，各分野について具体的目標を定めることとしている．

健康日本21で掲げられている健康増進のための主要な柱としては，1) 栄養・食生活，2) 運動・身体活動，3) こころの健康・休養，4) タバコ，5) アルコールの5つをあげることができる．これらのいずれの課題についても，健康増進活動を実際に展開するにあたっては，疾病や健康状態との関連性について妥当性の高い疫学的研究が蓄積され，十分な科学的証拠（scientific evidence）を獲得することが必要とされる．さらに，個々の地域住民に対して，説得力のある健康指導技法や健康教育が適用されねばならない．以上を踏まえて，これよりこれらの課題につき順次，現状分析と将来展望を試みることとする．

## 1) 栄養・食生活

肥満は現代のわが国の大きな健康問題であり，地域，職域の健康診断において認められる異常所見（高血圧，糖尿病，高脂血症，高尿酸血症等）の多くは，肥満あるいは過体重に由来するものである．最近，日本肥満学会では，従来の肥満基準であったBody Mass Index（BMI）26.4以上を25以上に変更し，基準をより厳しいものとした．この基準に従うと，現在ではおよそ，20歳代男性の4人に

1人，30歳代男性の3人に1人が，肥満であると考えられる．1997年国民栄養調査によると，現代のわが国の食生活は，特に青壮年層において，夕食のエネルギー摂取比率が高く，1日の総エネルギー摂取量の半分弱を占めていること，夕食時刻が遅い者が10数年前に比べると格段に多くなっていることなどが指摘されている[4]．これらは，エネルギー過剰摂取，運動不足の問題とともに成人肥満の原因として重視されねばならない．

　健康日本21では，2010年までに男性肥満者が占める割合を14.5％以下にするとの目標を定めているが，これを達成するにはおそらく，国民各自の生活様式そのものの大幅な変更が求められるであろう．最近のわが国における栄養素摂取量の推移における特徴としては，外食産業の隆盛により，食塩摂取量が再び増加する兆しをみせていること，動物性タンパク質の摂取量が増加傾向にあること，穀類の摂取量が減少傾向にあることなどをあげることができる．がんや虚血性心疾患などの循環器疾患を予防する立場からは，新鮮な緑黄色野菜や果物類の摂取を勧め減塩を促進するという従来型の健康教育とともに，肉類の摂取を適量（1日80g以下）にコントロールするようなキャンペーンも今後，地域で積極的に展開されねばならない．21世紀は健康保護の立場からも，また地球環境保護の立場からも，肉類の大量生産・大量消費文化に全地球的規模で見直しを加えるべき時代であるといえる．

## 2）運動・身体活動

　欧米で実施された大規模な追跡研究[5,6]などから，習慣的に何らかの身体活動・運動を行なうと，これを行なわない場合に比べて総死亡率ならびに冠動脈疾患，高血圧症，糖尿病のリスクが有意に低下するとの知見がえられている．「健康日本21」でも，日本の成人の身体活動や運動の励行を具体的な目標値を与えて推奨している．これには，運動習慣者を増加させるだけでなく，日常の歩数を増加させるという目標も含まれている．高齢者の目標としては，歩数の増加だけでなく，外出について積極的な態度をもつ者を増やすこと，地域でのボランティア活動や町内会活動等に参加する者を増やすことなどの事項も含まれており，健康づくり

の一環としての社会参加の重要性を謳っている．21世紀の超高齢化社会を迎えるにあたり，虚弱老人や閉じこもり老人をいかに減らすかは，地域保健活動における最重要テーマのひとつとなることは間違いない．

## 3）こころの健康

　この約10年の間に，中高年齢層の自殺が急増を示している事実は，現代の成人・老人保健活動でこころの健康の問題がきわめて重要であることを示している．中高年者の精神的ストレスの原因としては，解雇，経済苦などの職業生活上の問題が関与している場合が特に多いと考えられるところから，地域，職域の両面からのアプローチが求められる．

　また昨今では，青壮年層の引きこもり現象，夫婦間家庭内暴力，育児ノイローゼや両親による幼児虐待など，とくに地域レベルでの対応が求められる複雑な精神心理上の問題が浮上している．このような問題に対しては，保健所，精神保健福祉センターのみならず，医療機関，学校，幼稚園・保育所，職場，警察など関係各所が有機的な連携をとって，対応してゆける体制づくりが必要である．

## 4）タバコ

　喫煙ががん，循環器疾患をはじめとする種々の疾患のリスクを増大させることは周知の事実であり，先進諸国では，諸要因の中で喫煙に関連する死亡者数や医療費は最も大きいものの一つであると考えられている．日本の成人男子の喫煙率が，漸減傾向にはあるものの，現在，先進諸国の中では突出した高値，55.2％(平成10年日本たばこ産業株式会社（JT）の全国調査)を示していることは，わが国の喫煙対策がいまだ十分ではないことを物語っている．これには，JTの存立にからむ政治的な背景も大きく影響していると考えられる．したがって，従来型の禁煙キャンペーンや分煙対策を今後とも地域で強力に展開させることと同時に，喫煙者を大幅に減少させ，なおかつJTの収益に影響が出ないような方策，たとえば，タバコの価格を大幅に引き上げるなどの手段も今後真剣に検討される必要があると考える．

### 5）アルコール

　酒類の消費量は，20〜30年前と比べると大幅に上昇している．とくに昨今では，マスコミの宣伝効果もあり，ワインや発泡酒類の消費が大幅に増えている．また女性飲酒者，キッチンドリンカーも増えている．アルコール関連問題として，交通事故，暴力事件，家庭崩壊などの社会的な重大問題が多発していることは見逃せない．

　21世紀は，従来の飲酒に寛大でありすぎたわが国の社会的風土に対する反省に基づき，飲酒に対してもう少し厳しい地域保健施策を講じてゆく必要がある．

## 3．これからの地域保健活動

　21世紀は現在にも増して，情報化の促進，女性の社会進出やグローバライゼーションの進行などとあいまって，個人の価値観の多様化が進む時代となることは間違いない．このような新しい時代に即した地域保健活動の姿とはいかなるものであろうか．ここでは，そのあるべき将来像を模索してみることとする．

### 1）集団的アプローチから個別的アプローチへ

　2000年4月にスタートした厚生労働省の第4次老人保健計画では，個別的健康

表 10-1　生活指導基準値を求めることが適当と考えられる検査項目と生活環境因子の組み合わせ例（文献8）より引用）

| 検査項目 | 生活環境因子 |
|---|---|
| 血清コレステロール | 動物性脂肪過剰摂取 |
| 血清 HDL-C | 運動習慣の欠如 |
| 血清 HDL-C | 喫煙習慣 |
| 血清中性脂肪 | 喫煙習慣 |
| 血清中性脂肪 | エネルギー過剰摂取 |
| 血清尿酸 | 飲酒習慣 |
| 血清 γ-GT（γ-GTP） | 飲酒習慣 |
| 血圧 | 食塩過剰摂取 |
| 血圧 | カリウム摂取不足 |
| 血圧 | 飲酒習慣 |
| 骨密度 | カルシウム摂取不足 |

教育の実施を重要項目として掲げている．現在いくつかの地方自治体におけるフィールド・トライアルで，個人の時系列的データに基づく，個別的健康教育の効果判定が試みられているが，かかる個別的アプローチの技法は，まだ確立されているとは言い難い．

臨床検査項目について考えてみよう．従来の正常値あるいは基準値とよばれる指標は，いわば集団検診における病態スクリーニングのための基準であり，集団的アプローチのためのものである．今後は，個人の時系列的データをベースとして設定した個人の正常値に基づく個別的判定方式の確立と，これのさらなる普及が望まれる．次に，生活環境因子による軽微な生体影響を検出するための基準，すなわち生活指導基準値[注1)7)]を健康管理の現場に取り入れることにより，望ましくないライフスタイルによる生体影響の有無を個人別に判断した上で，この結果を個別的健康教育に生かしてゆくような方向性も考慮されなければならない．

表10-1には，この生活指導基準値の策定例[8)]を示した．これらはいうなれば，二次予防すなわち疾病発見のための基準ではなく，一次予防すなわち健康増進活動実施の拠り所とする基準に相当するものである．ここで血清 $\gamma$-GT ($\gamma$-GTP) 値と飲酒習慣の組み合わせを例にとって，生活指導基準値の活用事例をご紹介してみよう．ある労働衛生検査機関で血清 $\gamma$-GT ($\gamma$-GTP) の生活指導基準値 $X_2$ として 40 mU/mL という値がえられたとする．この検査機関における血清 $\gamma$-GT ($\gamma$-GTP) の基準値（正常値）が 60 mU/mL であるとすると，40-60 mU/mL の領域にある場合には，無条件に正常と判定するのではなく，当人の飲酒習慣が確認できた場合は，飲酒の影響，ひいては飲酒による肝障害の前駆状態と判断して，節酒指導を強力に実施するというものである．

注1）臨床検査機関ごとに，その検査機関が把握している集団の健診成績などを用いて，対象とする臨床検査項目につき，同項目が対象とする生活環境因子を有する群と有さない群の検査値の分布を統計学的に精密に比較する方法に基づいて決定される基準値であり，その生活環境因子に関連する生体影響が存在することをもっとも高い信頼度をもって指摘できる検査値領域を規定する境界値 $X_1$，その生活環境因子に関連する生体影響が存在していることを考慮せねばならない検査値領域を規定する境界値 $X_2$ などが含まれる．

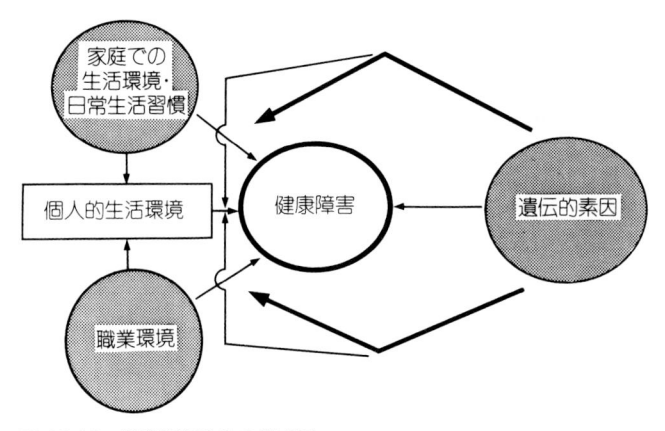

図 10-10　健康障害発生の模式図

　個別的接近法の第三として，遺伝子情報に基づく個体差へのアプローチがあげられる．

　図 10-10 に示すように，健康障害は，家庭での生活環境や日常生活習慣ならびに職業環境により決定される「個人的生活環境」と，「遺伝的素因」の両者がそれぞれ独立に関与するか，または相互に関連し合って発生してくると思われる．ここで遺伝子情報の利用価値は，生活環境因子の健康に及ぼす影響力の大きさの個人差を示す指標となりうる場合があるというところに求められると考える．すなわち，望ましくないライフスタイルへの遺伝的感受性を遺伝子情報から知ることにより，健康教育の有効性をより高めることが期待されるのである．昨今，個人情報保護の立場から，遺伝子情報の取り扱いに対して慎重さを求める趨勢が強まっている．

　プライバシー保護はいうまでもなく必須の事項であるが，一口に遺伝子情報といってもその性質は一様でなく，本来は各遺伝子情報のもつ性質をよく把握した上で，しかるべき使い分けをすべきなのであり，遺伝子情報の社会医学的応用を個人情報保護の名の下で，一律に制約することは正しくないと考える．さまざまな遺伝子多型につき，その集団内の頻度，疾病特異性（疾病に対するリスク比の

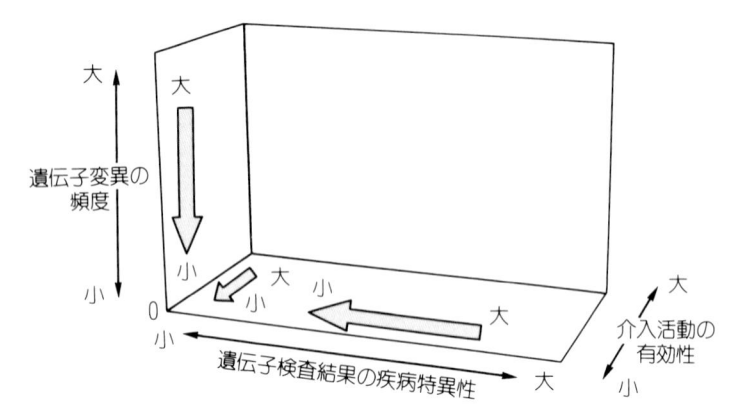

図 10-11 遺伝子検査を実施することの公衆衛生学的意義

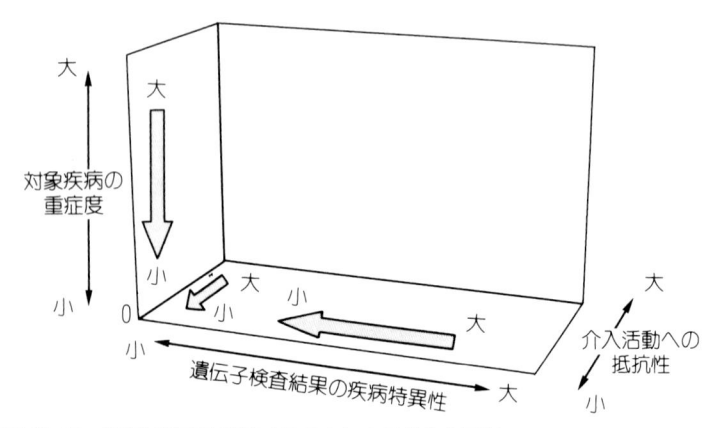

図 10-12 遺伝子検査を実施することによる社会的不利

大きさ)，対象とする疾病の重症度，介入活動(ライフスタイルの変容，治療など)の有効性の程度などを明らかにした上で，その遺伝子情報を健康管理活動に適用することがふさわしいかどうかが慎重に決定されなければならない．

図 10-11, 図 10-12 には，遺伝子情報のこれらの特性と公衆衛生学的意義の大きさ，ならびに発生する社会的不利の大きさとの関係を図示した．高頻度に認められる遺伝子多型であり，特定の疾病との関連性（疾病特異性）が大きく，介入活

動により対象疾病の予防効果が大いに認められる場合には，その遺伝子検査を実施することの公衆衛生学的意義は大きいと評価できる．この条件に比較的良く見合った遺伝子多型の例としては，現時点では例えば，高血圧症に対するアンギオテンシノーゲン遺伝子 M 235 T 多型などが挙げられる．この遺伝子多型検査を今後一般健診に取り入れることにより，高血圧症予防のための減塩指導や減量指導をより効果的に行なうことができるようになる可能性も想定される．しかし一方，介入活動を行なっても疾病予防効果や疾病治療効果があまり認められない重篤な疾病の遺伝子の場合には，個人の社会的不利をもたらすだけで，公衆衛生学的有用性は低い遺伝子情報と判断され，地域保健活動への応用は適当でないと考えられる．これには，特殊な難病やある種の悪性腫瘍の遺伝子などが含まれよう．

## 2）地域保健と産業保健の連携

今後わが国の多くの企業では，期待収益率の低下により，不況期に容易に雇用調整できる非正規雇用者を増やす方向へのシフトを強めることが予想される．図 10-13 はここ 20 数年間での求職者数と求人者数，さらにその中に占める正規の労

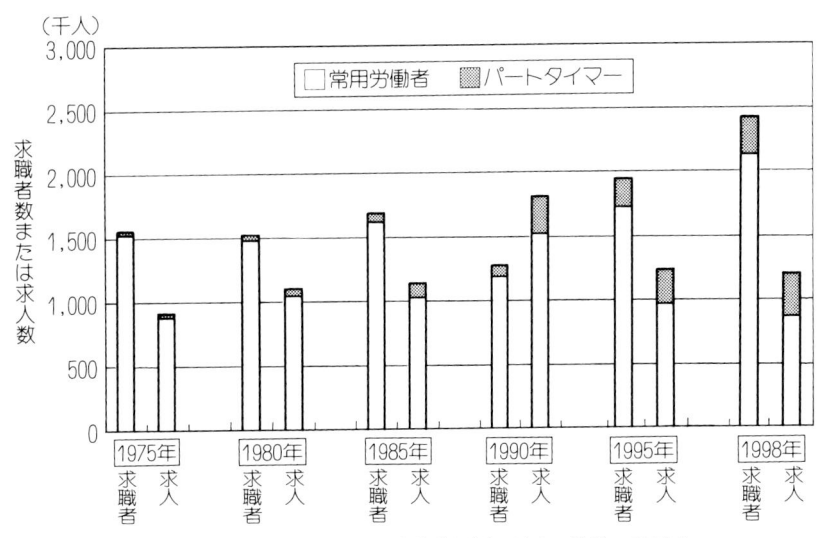

図 10-13　求職者数と求人数の推移（総務庁統計局編：日本の統計，2000．）

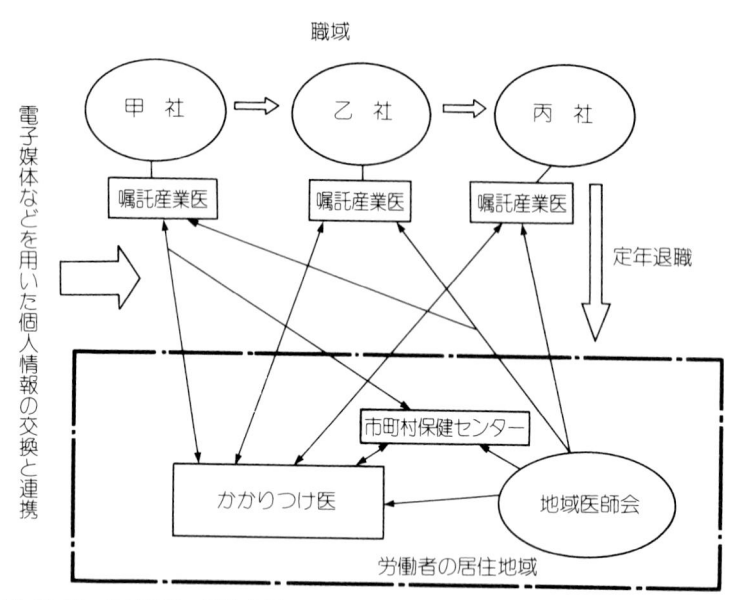

図 10-14　地域保健・職域保健の連携に基づく生涯継続型の健康管理システムの例

働者とパートタイマーの内訳[9]を図示したものである．この10年くらいの間にパートタイマーの求人がきわだって多くなってきている．現在，フリーターと称せられる人々は，約150万人存在しているといわれており，某マスコミによると，現代の高校生の4人に1人は将来フリーターを望んでいるという調査結果も出ている．希望する就職先も，大企業一辺倒であったひところの情勢からは様変わりし，中小ベンチャー企業や自身での起業を志向する者が増えているばかりか，大企業からの転身者も目立ってきており，雇用の流動化は否が応にも加速されつつある．

このような趨勢下で，従来の一企業内完結型の産業保健管理体制はその意義を徐々に薄めてきているといえる．さらに21世紀は，定期的に通勤しない在宅の勤務者や就業妊産婦など，地域保健，産業保健の両傘下に重複して入るような就業者の増加も予想される．

今ここに成人・老人保健管理活動は，地域保健，産業保健という旧来の省庁縦

割り型の枠組みを取り外し，新たなパラダイムの中で展開することが求められる時期に来ているといわねばならない．厚生労働省は，各地方自治体に，地域保健と産業保健の連絡協議会を活発に運営し，従来別々に動いていたこの両者が連携して，住民の健康管理体制を築いてゆくことを呼びかけている．

　すなわち，これからは例えば，図10-14に示すように，地域医師会などがキー・ステーションとなって，地域のかかりつけ医と勤務先の産業医との間で，随時個人情報の交換と連携を行なってゆけるような生涯継続型の健康管理システムを構築することなどが必要とされるであろう．なおこのようなシステムを有効に機能させるためにはまず，優れた地域保健の専門医そして家庭医を養成することが医学教育上の急務である．

〔高島　豊〕

### 文　献

1) 厚生省大臣官房統計情報部：性，年齢階級別にみた死因年次推移分類別死亡率．平成10年人口動態統計上巻．190-223，(財) 厚生統計協会，2000.
2) 嶋本　喬，他：近年の高血圧に関する疫学的研究からの情報．臨床成人病，29：1609-1615, 1999.
3) 厚生省大臣官房統計情報部：受療率の年次推移/都道府県別にみた受療率．平成8年患者調査 (全国編)，44, 94-95. (財) 厚生統計協会，1999.
4) 厚生省保健医療局地域保健・健康増進栄養課生活習慣病対策室：国民栄養の現状．平成9年国民栄養調査結果，29-58，第一出版，1999.
5) Paffenberger RS Jr, et al：Physical activity, all-cause mortality and longevity of college alumni. N Engl J Med, 314：605-613, 1986.
6) Manson JE, et al：A prospective study of exercise and incidence of diabetes among US male physicians. JAMA, 268：63-67, 1992.
7) 高島　豊，他：臨床検査成績の新しい判断基準に関する研究．生活環境因子による生体影響を認識するための基準値について，日本公衛誌, 40：245-254, 1993.
8) 高島　豊，他：生活指導基準値の意義と活用方法．血圧測定値からみた高度飲酒による生体影響の評価例を交えて，メディヤ・サークル, 39(11)：11-17, 1994.
9) 総務庁統計局編：3-11 一般職業紹介状況．日本の統計2000, 40, 大蔵省印刷局, 2000.

# 索　引

## 【あ】

悪性腫瘍　175
悪性新生物　87, 151
　　──死亡率　161, 164
アクティブ80ヘルスプラン　149, 168
アルコール　168, 171
アルツハイマー　105, 124
育児休業制度　129
育児ノイローゼ　170
依存的ケア　93
一次予防　88
遺伝子情報　173
移動能力　3, 64, 65
医療機関　170
医療制度　155
医療対策　18
医療・福祉チーム　26
医療保険制度　35, 37
医療保障改革法　27
医療保障構造法　27
飲酒　12, 172
運動機能的能力　142
運動・身体活動　168, 169
栄養　11, 168
エーデル改革　18, 23

## 【か】

介護　68, 71
　　──休業制度　139
　　──金庫　28
　　──サービス　157
　　──者の条件　80
　　──相談窓口　81
　　──負担　72, 78, 83
　　──負担尺度　74
　　──負担調査　83
　　──保険時代　60
　　──保険制度　35, 39, 98
　　──保険法　18, 155
　　──老人福祉施設　60
改正労働基準法　140
介入活動　174
かかりつけ医　177
核家族化　71, 146, 147
家族教育　81, 82
家族手当　24
活動運動能力　145
活動能力　2
家庭医制度改革　23
加齢　104
　　──変化　143
過労死　129
がん　170
がん一次予防対策　163
冠危険因子　138
環境衛生　85
環境有害物　139
看護技術　64
監査制度　21
患者調査　164
冠動脈疾患　169
$\gamma$-GT ($\gamma$-GTP)　172
機会均等　69
擬似的市場　17, 23
季節病カレンダー　151
喫煙　12, 138
　　──教育　116
　　──率　170

キッチンドリンカー　171
基本的 ADL　6，7，8，9，10，14
基本的欲求　91
逆行性健忘症　122
求職者数　175
急性疾病発生　108，109
虚血性心疾患　110
虚弱老人　170
居住環境　150，152
居住福祉　155
筋運動障害　123
菌陽性結核　161
偶発性低体温症　150
グループホーム　23
グループユニット型特別養護老人ホーム　154
グローバライゼーション　171
ケアカンファランス　42，44
ケアコーディネーション　25
ケア社会　90，96，97，100，102，125
ケアプラン　43，44
ケアマネジメント　21
経済的困難　72
軽費老人ホーム　54
経路依存性　18
ケインズ政策　18
結核　159
　──予防法　159
血管拡張剤　119
健康維持　139
健康管理　111
健康管理体制　104
健康寿命　1，85，149，168
健康障害　173
健康状態　130
健康診断　133

健康増進対策　166
健康度自己評価　4，8，10，14
健康日本 21　1，4，5，149，168，169
健康問題　135，136
健康余命　1，4，6，8，9，10，14
コアタイム　136
合計特殊出生率　129，130
高血圧　110，116，169
　──症対策　163
　──治療　119
高次生活機能　10，14
厚生年金基金　115
厚生労働省　112，123，149
交代制勤務　129
公的介護保険制度　19
公的サービス　77
坑内労働規制　140
更年期障害　137
高齢化　164
　──率　147
高齢期結核　161
高齢社会　35，72
高齢者雇用　111
高齢者世帯　146
高齢者労働　105，106，112
国民医療費　87，88，166
国民栄養調査　135，169
国民健康づくり対策　166
国民生活基礎調査　145
国民保健サービス　20
心のケア　164
こころの健康　170
個人情報　177
個人的生活環境　173
国家保健サービス法　156
孤独感　146

個別的アプローチ　171
個別的健康教育　171，172
雇用の流動化　176

【さ】
サービス担当者会議　42，44
再興感染症　161
再雇用　111
在宅介護　79，157
在宅看護　79
在宅勤務　176
在宅ケア　21
在宅就労　128
在宅福祉サービス　78
作業環境　106，124
作業環境管理　108
作業管理　108
サッチャーリズム　18
産業医　116
産業保健　175
　——教育　107
　——サービス　130
　——推進センター　112
散歩・体操習慣　12
時間外規制　140
自己実現　90，95，96
自殺率　148
システム医療　50
施設ケア　21
市町村保健センター　168
失業　164
室内衛生の推奨基準　154
疾病金庫　27
疾病特異性　173
疾病保険　24
　——金庫　25

疾病予防教育　107
疾病予防効果　175
死亡率　159，160
社会活動性　10，13
社会環境面　107
社会参加　170
社会的サービス　81
社会的支援　59
社会的体力　145
社会的不利　174
社会的役割　2，4，5，13
社会福祉基礎構造改革　17
社会扶助制度　24
社会保険制度　19
社会保険方式　32
自由開業医制度　23
就業形態　128，130
就業妊産婦　176
縦断研究　6
集団検診　172
集団的アプローチ　171，172
重度障害者自立生活運動　69
就労　11
　——状態　102
手段的ADL　6，7，8，9，10，14
手段的自立　2，4，5
受動的生活環境　54
受領サポート　62
受療率　164，167
小規模事業所　133
状況対応　2，4
少子高齢化　71，148
消費者主権　17
情報化　171
情報科学　104
情報技術　96

食塩摂取量　169
職業病　115
女性労働者　126，127，134
ショプラン報告書　25
自立的生活　69
心筋梗塞　111，137
人口推計　139
心疾患死亡率　162
身体的自立　2
身体的負担　72
深夜業規制　140
深夜業務従事者　129
心理的成長　93
心理的負担　72
心理的老化　146
睡眠　11
ストレス解消　119，120
ストレッサー　144
スポーツ習慣　12
生活環境　143
　　──因子　171
生活機能　2，5，8，9
生活指導・ケア　67
生活指導基準値　171，172
生活習慣病　1，5，7，8，9，87，103，
　　104，115，116，121，130，149
生活の質　5
生活満足度　4
精神的サポート　78，79
精神的ストレス　170
精神保健管理　105
精神保健福祉センター　170
成人・老人保健活動　159
成長欲求　91，92
制度的補完性　18，29
成年後見制度　17，46

生命倫理　85
生理的体力　145
生理的欲求　90
生理的老化　144，146
セルフケア　93，97
漸進的アプローチ　29
戦略的補完性　29
壮年死亡　168
ソーシャルサポート　4，59，62
ソーシャルステーション　28
措置制度　60

【た】

ターミナルケア　88
待機上限保障制度　23
大規模事業所　133
第三者補償手当　26
第4次老人保健計画　171
他者実現　92
タバコ　170
　　──指数　116
魂の成長　96
短時間勤務制度　139
地域特性　164
地域福祉権利擁護事業　46，47
地域保健　175
　　──法　159
チーム医療　50
チーム・ケア　89
地球環境保護　169
地区保健局　20
知的精神能力　144
知的能動性　2，4，5，13
痴呆　2，4，168
　　──高齢者　23
地方分権化　25

定期健診　114, 121
提供サポート　62
デイケア　77
デイサービス　78
定年制度　103
電子カルテ　38
同居率　147, 147
糖尿病　110, 169
　　──性網膜症　122
動物性タンパク質　164, 169
特殊健診　114
特別養護老人ホーム　53, 54, 152, 153
閉じこもり　10, 63, 170

【な】
内部市場　23
ニーズアセスメント　21
肉体労働　164
日常生活活動　67
人間の欲求　90
認知能力　66
寝たきり　2, 168
脳血管疾患死亡率　162, 163, 164
脳梗塞　110, 124
脳出血　110
　　──死亡率　163
能動的生活環境　55, 66
ノーマライゼーション　23

【は】
パーキンソン病　105
バーセルインデックス　75
パートタイマー　175, 176
徘徊　66
バリアフリー　69
晩婚化　130

比較制度分析　18, 29
引きこもり現象　170
ビッグバン的アプローチ　30
肥満　110, 168
　　──基準　168
ヒューマンケア　96
夫婦間家庭内暴力　170
ブーラール報告書　25
福祉国家　18
フリーター　176
フレックスタイム制　136, 139
プロダクティビティ　15
扁平上皮がん　116
防衛能力　142
ホームヘルパー　78, 83
保健医療　85
　　──管理　113
　　──面　106
保健管理　110
保健教育　104, 110
保健所　170
保健福祉　155
歩行能力　10
保存性　38
ボランティア活動　77, 169

【ま】
慢性疾患　144
見読性　38
身の回り動作　2, 4
メディカルサービス　28
物とられ妄想　66, 67
問題行動　66

【や】
役割分担意識　130

ユニットケア　57
要介護　2
　——高齢者　76
　——者　71，77
　——特別給付法　18，25
要支援　2
幼児虐待　170
腰痛　109
抑うつ尺度　74
抑制　64，65

【ら】
ライフサイクル　93，134
ライフスタイル　1，5，8，10，14，94，115，121，163，172
リスク構造調整　27
リスクファクター　7，8，9
利他主義　98
リハビリテーション　68，69
レーガノミクス　18
連絡協議会　177
老化　1，5，8
　——現象　143
老研式活動能力　4

——指標　4，5，7，8
老人性うつ病　119
老人性痴呆　122
老人性低体温症　150
老人性難聴　123
老人病院　152，153
老人保健施設　152
老人保険制度　37
老人保健法　39
老人用うつ尺度得点　4，8，10，14
労働意欲　103
労働構造　102
労働国際化　113
労働者健康状況調査　116，119
労働年齢　103
労働福祉事業団　112
労働負担　136
労働力率　129，130
老年人口　164
　——割合　164，165
老齢保険　24
　——金庫　25
65歳以上者割合　164

ADL　74，77
BMI　143，168
CMU法案　31
Cox比例ハザードモデル　7，8，9，10
GRG　27
GSG　27
IL運動　69
IT　96，104

MDK　28
NGO　113，122
NHS改革　18
NHSコミュニティケア法　18
QOL　63，69，71，88，94
SOHO　128
THP　88
Zarit介護負担尺度　73，75，78

［編著者紹介］
### 田中　正敏（たなか　まさとし）
- 1936年　旧朝鮮に生まれる
- 1964年　新潟大学医学部医学科卒業
- 1966年　明治大学第二工学部建築学科卒業
- 1972年　東京医科歯科大学大学院医学研究科修了
- 1970年　国立公衆衛生院医学専攻課程修了
- 1975年　ケベック大学研究員
- 1977年　昭和大学医学部助教授
- 1981年　ノッティンガム大学研究員
- 1996年　フランス国立科学研究センター客員教授
- 現　在　福島県立医科大学医学部衛生学教授

［著者紹介　五十音順］
### 赤松　隆（あかまつ　たかし）
- 1933年　群馬県に生まれる
- 1958年　慶應義塾大学医学部卒業
- 1961年　アルバニー医科大学臨床麻酔学講師
- 1969年　慶應義塾大学医学部外科学講師
- 1971年　琉球大学保健学部教授
- 1979年　琉球大学医学部医学科教授（保健医学）
- 1990年　杏林大学医学部教授（公衆衛生学）
- 現　在　杏林大学医学部客員教授
　　　　　共立女子大学非常勤講師

### 荒井　由美子（あらい　ゆみこ）
- 1964年　東京都に生まれる
- 1989年　東北大学医学部医学科卒業
- 1991年　エジンバラ大学公衆衛生学科修士課程修了（MSc）
- 1992年　リーズ大学医療行政学科修士課程修了（MA）
- 1993年　バーネット地区保健局公衆衛生医
- 1995年　東北大学医学部公衆衛生学教室助手
- 現　在　国立長寿医療研究センター看護・介護・心理研究室室長

### 井上　範江（いのうえ　のりえ）
- 1948年　福岡県に生まれる
- 1971年　熊本大学教育学部卒業
- 1972年　福岡県立看護専門学校保健婦助産婦科卒業
- 1972年　琉球大学保健学部助手
- 1979年　熊本大学教育学部講師・助教授
- 現　在　佐賀医科大学医学部看護学科教授

### 大友　昭彦（おおとも　あきひこ）
- 1959年　宮城県に生まれる
- 1983年　国立仙台病院附属リハビリテーション学院卒業
- 1991年　東京都立大学理学部卒業
- 1994年　筑波大学大学院医科学研究科修了
- 1998年　福島県立医科大学大学院医学研究科修了
- 現　在　特別養護老人ホーム山王副施設長
　　　　　山王地域リハビリテーションセンター所長

### 新開　省二（しんかい　しょうじ）
- 1955年　徳島県に生まれる
- 1980年　愛媛大学医学部医学科卒業
- 1984年　愛媛大学大学院医学研究科修了
- 1984年　愛媛大学医学部助手
- 1985年　国立公衆衛生院専門課程修了
- 1990年　トロント大学（カナダ）医学部（文部省在外研究員，1991年まで）
- 1991年　愛媛大学医学部助教授
- 現　在　東京都老人総合研究所地域保健部門部門長

### 高島　豊（たかしま　ゆたか）
- 1954年　大阪府に生まれる
- 1979年　慶應義塾大学医学部卒業
- 1983年　慶應義塾大学大学院医学研究科博士課程修了
- 1984年　北里大学医学部衛生学公衆衛生学教室講師
- 1990年　杏林大学医学部公衆衛生学教室助教授
- 現　在　杏林大学医学部衛生学公衆衛生学教授

### 武田　明夫（たけだ　あきお）
- 1935年　愛知県に生まれる
- 1963年　名古屋大学医学部卒業
- 1966年　パリ・サンタンヌ病院所属（フランス政府給費留学生）
- 1975年　国立名古屋病院医長
- 1994年　国立名古屋病院救命救急センター長
- 1996年　国立療養所中部病院・長寿医療研究センター副院長
- 現　在　国立静岡病院長

### 原　寿夫（はら　ひさお）
- 1951年　福島県に生まれる
- 1979年　岩手医科大学医学部卒業
- 1991年　福島県医師会常任理事
- 1998年　郡山医師会副会長
- 2001年　日医総研員
- 現　在　原内科医院院長

### 本橋　豊（もとはし　ゆたか）
- 1954年　東京都に生まれる
- 1980年　東京医科歯科大学医学部医学科卒業
- 1984年　東京医科歯科大学大学院医学研究科修了
- 1987年　パリ大学医学部第3課程時間生物学コース修了
- 1990年　東京医科歯科大学医学部助教授
- 現　在　秋田大学医学部公衆衛生学教授

### 山口　いづみ（やまぐち　いづみ）
- 1946年　神奈川県に生まれる
- 1971年　東京女子医科大学卒業
- 1981年　東京女子医科大学成人医学センター循環器科講師
- 現　在　東京産業保健推進センター相談員

| 高齢社会へのステップ | 定価(本体1,800円+税) |
|---|---|
| 2001年3月31日　第1版第1刷発行 | 検印省略 |

　　　　　編　者　田 中 正 敏
　　　　　発行者　太 田　　博
　　　　　発行所　株式会社杏林書院
　　　　　東京都文京区湯島 4-2-1　〒113-0034
　　　　　TEL 03(3811)-4887(代)
　　　　　FAX 03(3811)-9148

ISBN4-7644-0525-3 C3047　　印　刷・三報社印刷株式会社
Printed in Japan　　　　　　　製　本・坂本製本所

---

・本書の複製権・翻訳権・上映権・譲渡権・公衆送信権（送信可能化権を含む）は株式会社杏林書院が保有します。
・**JCLS** ＜(株)日本著作出版権管理システム委託出版物＞
　本書の無断複写は著作権法上での例外を除き禁じられています。複写される場合は、その都度事前に（株）日本著作出版権管理システム（電話03-3817-5670, FAX 03-3815-8199）の許諾を得てください。